Supere al Zorro

Entendiendo la Manipulación

Aprenda los Secretos Ocultos del Poder y la Influencia

Tabla de Contenidos

Introducción

Sin importar el tipo de manipulación que estés tratando de entender, burlarte de ella va a requerir conciencia y paciencia. A través de los descubrimientos de la Antropología, hemos encontrado que a lo largo de toda la historia de la humanidad siempre ha habido un comportamiento agresivo para promover los propios deseos. Seducción, persuasión, influencia, explotación o manipulación, cualquiera que sea la palabra en español que uses para describirla, el hecho es que todo el mundo está tratando de tener control sobre ti por sus intereses personales, ya sea consciente o inconscientemente. La palabra manipulación es generalmente percibida negativamente, pero es esencial aceptar que la manipulación existe o nada en este libro será de utilidad. Todos usamos algún grado de manipulación a lo largo de nuestras vidas diarias. Algunos, sin embargo, lo llevan más allá.

La interacción humana siempre será algo difícil. Desde que nació, siempre le han enseñado que no puede encontrar mucho éxito en este mundo a menos que sepa cómo ser amable con los demás. Incluso a temprana edad, los principios de decoro apropiado y conducta social son incrustados en su sistema. Piense en sus primeros recuerdos. Probablemente tenga imágenes vagas de su madre o padre enseñándole lo básico del alfabeto. Probablemente recuerda ser orientado con nombres de animales, colores, formas, y ciertos objetos alrededor de la casa. Pero junto con eso, si tuvo padres relativamente convencionales y responsables, probablemente recuerda que se le enseñara sobre modales y un código de conducta. Se les enseñan estas cosas porque sus padres siempre quieren que usted sea agradable. No quieren que termine sin amigos cuando crezca como resultado de ineptitud social. Junto con cualquier habilidad aritmética o cognitiva que son desarrollados al principio de la infancia, también se le enseña esencialmente cómo ser una criatura social. Esto es porque la creencia común es que siempre va a necesitar a otras personas en esta vida para que llegue a donde quiera estar. Es como funciona nuestra sociedad.

Todo esto nace de la idea fundamental de que las personas en su vida que sirven como activos quienes pueden ayudar a añadir valor a su existencia. Si esta es la clase de mentalidad que tiene, probablemente es generalmente una persona confiada y optimista. Sin embargo, la verdad es que el pensamiento optimista puede no traducirse siempre a situaciones de la vida real. Como humanos, todos intentamos ganar el favor de quienes nos rodean. No todos sirven como un activo igual para el otro, siempre habrá personas que ofrezcan menos valor a su vida que otras. Esa es una suposición segura. Pero también, estamos principalmente motivados por nuestros propios deseos e intenciones egoístas. Y a veces, nuestros deseos personales no siempre se fusionan sutilmente con los de otros. Como resultado, puede aparecer un conflicto. Aquí es donde la naturaleza de la interacción humana se hace aún más complicada. En estos momentos, podríamos intentar involucrarnos en alguna forma de resolución de conflictos.

Para los más civilizados y bondadosos de nosotros, la resolución de conflictos no va a ser necesariamente una prueba tan estresante. Aquellos que son expertos en resolver conflictos saben cómo comportarse correctamente y siempre actúan de buena fe. Muestran una voluntad de participar en el debate civil, la persuasión y el diálogo constructivo para llegar a algún tipo de término medio o entendimiento. Sin embargo, no todos vamos a estar tan dispuestos a tomar el buen camino. De hecho, muchos de nosotros vamos a jugar sucio para conseguir lo que queremos, lo que pone de manifiesto la naturaleza primitiva de nuestra especie, el lado animal si se quiere.

Aquí es exactamente donde el arte de la manipulación entra en juego. Para ser perfectamente franco, cada uno de nosotros tiene la capacidad de ser manipulador. De hecho, es posible que nos hayamos involucrado en manipular el comportamiento hasta cierto punto, piense en todas las diferentes situaciones de conflicto a lo largo de su vida que pueda recordar. Aunque no tengan intenciones crueles, hay algunos de nosotros que llevamos el arte de la manipulación a un nivel completamente nuevo. Y a eso se dedicará este libro: a la identificación y comprensión de este tipo de personas. Cuando se trata de situaciones en las que la manipulación está implicada, es o usted es el depredador o usted es la presa. Si decide volverse un depredador es asunto suyo. Usted podría recibir mucha repercusión por ser manipulador (si lo atrapan), pero también podría tener sus razones. Pero cualquiera que sea el caso, nadie quiere ser la presa en este escenario. Y lo más importante que tienes que hacer para evitar ser la presa es armarte con el conocimiento y la sabiduría que necesitas para protegerte del comportamiento manipulador.

Otro lado de la palabra "manipulación" se usa comúnmente para describir eventos en nuestras vidas que no deseábamos, o sobre los que supuestamente no teníamos control consciente. A la gente le encanta decir casualmente que la "manipulación" de las cosas implica que no pueden ser considerados responsables de las cosas que les han sucedido. Se puede argumentar que este tipo de personas incluso quieren ser manipuladas, ya que aparentemente puede ayudarles a evadir la responsabilidad, de hecho, son la presa más fácil para los manipuladores. Es crucial responsabilizarse para ubicar la verdadera manipulación. Hay muchas cosas sobre las que tiene control, pero también hay cosas sobre las que no tiene ningún control, no pierda su tiempo y esfuerzos en esto último. Puede no ser fácil a veces. Acepte profundamente este hecho y podrá empezar a ver las cosas como son realmente con eficiencia.

Basado en un número infinito de factores individuales en su vida hasta ahora, probablemente tiene su propias preferencias y creencias cognitivas previas en cuanto a la manipulación. Este libro no es un intento de decir lo que es correcto o erróneo, bueno o malo. Estamos adoptando una postura precisa y neutral sobre un tema complejo y serio. Es un intento de formar una profunda comprensión de la manipulación y de cómo combatirla. Este libro va a ser una contribución al diálogo global que rodea la manipulación. Usted descubrirá cómo la manipulación puede hacer un impacto en su propia vida personal. También vamos a examinar ejemplos prácticos de la vida real sobre cómo ciertas tácticas y filosofías manipuladoras atemporales han ayudado a dar forma a la trayectoria de la sociedad humana a lo largo de la historia.

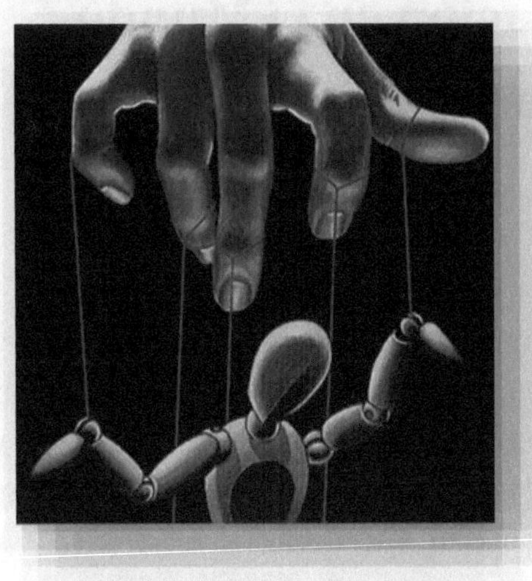

Para muchos de nosotros, lo primero que nos viene a la mente cuando se menciona la "manipulación" podría ser la imagen de alguien que tira de las cuerdas a escala masiva, como un titiritero. Puede haber establecimientos manipuladores en nuestra sociedad, pero sobre todo en el mundo occidental, prácticamente todo el mundo es libre de elegir lo que quiere hacer en la vida. También es importante considerar la manipulación en nuestras interacciones diarias, ya que esos son probablemente los casos de aplicación más inmediata en los que se puede empezar a trabajar. Intente venir de un lugar de autonomía. En una negociación, debate, o cualquier cosa que requiera influenciar a otros para hacer lo que deseas, tenga no hacer tratos como una opción. A menudo tememos perder cosas que ni siquiera tenemos aún.

Manipulación en el Mundo Moderno

No sea tan ingenuo como para pensar que la manipulación no existe en su mundo. Si realmente usted cree eso, lo más probable es que a menudo se encuentre siendo víctima de la manipulación de otros sin siquiera darse cuenta. Considere este escenario de libro de texto por un momento:

Jessie tiene planes para hacer X. Nathan tiene planes para hacer Y. Jessie y Nathan tienen una relación cordial entre ellos. Sin embargo, tienen diferencias fundamentales en la manera cómo están decidiendo acercarse a este escenario en particular. Nathan ha intentado convencer a Jessie que Y será la mejor aproximación. Sin embargo, Jessie no muestra señales de ceder. En este caso, el debate civilizado y la persuasión entran en juego. Es por esto que Nathan está pensando aplicar las siguientes tácticas:

1. Nathan usará sus encantos para intentar romper la fortaleza emocional de Jessie.

2. Nathan recurrirá a ciertas hipérboles o exageraciones para que el enfoque Y sea más atractivo que el enfoque X.

3. Nathan hará que Jessie se sienta culpable por escoger el enfoque X.

4. Nathan desviará la atención de Jessie hacia un aspecto del enfoque X que él sabe qué hará que Jessie se sienta temerosa o aprensiva.

5. Nathan hará algo bueno por Jessie antes de convencerla de que el enfoque Y es mucho mejor para que Jessie se sienta más obligada a escuchar.

6. Nathan convencerá a Jessie de que hacer la X la hará quedar mal con sus amigos y familiares.

7. Nathan amenazará a Jessie con poner fin a su amistad si Jessie decide seguir con el enfoque de la X.

Cada una de las tácticas mencionadas anteriormente puede ser considerada como una forma de manipulación. Por supuesto, todas estas son manifestaciones muy simples y digeribles del arte de la manipulación. Sin embargo, se equivocarían si pensaran que este tipo de comportamiento tóxico no se puede ampliar. De hecho, a medida que avance en este libro, descubrirá hasta qué punto puede llevar el arte de la manipulación, siempre y cuando sea lo suficientemente astuto. La manipulación puede venir en varias formas, nombres y tamaños. Por ejemplo, mucha gente se referiría a la táctica número 3 como un *viaje de culpabilidad*. La táctica número 6 también se conoce comúnmente como *presión de grupo*. La táctica número 7 es algo que la mayoría de nosotros identificaríamos como *chantaje*. Son todos enfoques diferentes a la manipulación, pero todas son consistentes en una cosa: ellos buscan satisfacer deseos egoístas a costa de las preferencias de otra persona.

En el mundo moderno de tecnología y gratificación instantánea, la manipulación puede atacar en cualquier lugar y puede venir de cualquier persona. Cuando usted es un niño que todavía vive con sus padres, puede ser que se encuentre siendo manipulado por ellos, aparte de su delicada infancia en la que tomó todas las opiniones e ideas de sus padres y amigos, tanto lo bueno como lo malo. Le dicen que, si no sigue sus reglas y regulaciones, debería encontrar un nuevo lugar para quedarte. Esta es una forma de chantaje. Cuando está trabajando, también puede experimentar manipulación en la oficina. Podría estar contemplando abandonar su lugar de trabajo debido al ambiente tóxico. Pero entonces, su jefe le da un pequeño aumento y beneficios adicionales. Después de eso, le piden que se quede y se siente obligado a hacerlo. Esta forma de manipulación busca inducir un sentido de obligación dentro de la víctima para lograr que haga algo que beneficie al manipulador. Una vez más, existen simplemente innumerables maneras y magnitudes diferentes en las que la manipulación puede manifestarse para convertirla en una simple definición. Y siempre es importante que usted sea capaz de mantener sus defensas básicas en alto sólo para asegurarse de no ser víctima de estas tácticas comunes.

Donde hay humanos, hay oportunidad para manipular. No creas que la manipulación está limitada solo al mundo físico. Está muy presente en línea donde muchos están dispuestos a lo que sea para ganar atención, dinero e influencia. Cuestionar las creencias es especialmente un truco común hoy en día a través de Internet para provocar o atraer a la gente a que les preste atención, ahora es muy probable que tengas algunas creencias que podrían ser muy incorrectas de alguna manera y a veces debes de hecho; "desaprender lo que has aprendido". Estar abierto al cambio es de suma importancia, pero la clave aquí es permanecer objetivo y neutral cuando se asumen nuevas ideas o se cuestionan las creencias o prejuicios existentes. Con cualquiera que sea capaz de difundir información a nivel mundial, la mezcla de información nunca ha sido tan grande. Particularmente el fenómeno de los "gurú" en línea ha crecido ampliamente durante los últimos años. Verifica tus fuentes sobre temas importantes. Piensa en cómo se benefician de ti al tomar la acción que están sugiriendo. ¿Practican lo que predican? Si tienes tiempo para reflexionar por tu cuenta, es decir, la práctica de la meditación simple (que no debe confundirse con formas de meditación de tipo espiritual extendida a menos que se prefiera), es probable que permanezcas en un estado más relajado y racional. Este estado de ánimo racional y relajado es siempre ideal para las decisiones intelectuales generales.

Infectar a las personas con el estado de ánimo adecuado, hacerlas sentir bien consigo mismas, los manipuladores quieren ser percibidos como alguien placentero con quien todos quieren pasar tiempo. Por ejemplo, ¿compartiría alguien las partes feas y aburridas de sus vidas en redes sociales? Los mejores manipuladores nunca son atrapados, todo se trata de la imagen que crean. Mentir se mezcla fuertemente con esta estrategia. Naturalmente, la mayoría del contenido viral tiende a usar bastantes rasgos manipulativos.

En el palacio, nadie quería ser portador de malas noticias, aunque no tuvieran nada que ver, sabiendo que el rey podía decapitarlos por ser el simple mensajero de noticias problemáticas. Los manipuladores sofisticados usar la cultura y las normas que los rodean para su ventaja. Tienden a tener un buen entendimiento de cómo las cosas específicas tienen más peso en diferentes culturas y para diferentes personas. Recuerde, los manipuladores, los persuasores, los seductores, no son egocéntricos, sino todo lo contrario. Se centran en la comprensión de su objetivo, jugando con el ego o la mente subconsciente de la víctima. Los manipuladores y seductores más sutiles a menudo desarrollan un tipo específico de rasgo(s) agradable(s) desde una edad temprana. Se rumoreaba que Pablo Picasso y Giacomo Casanova, por ejemplo, seducían a cientos de mujeres a la vez que hacían sentir a cada una de las mujeres que seducían como si fueran las más especiales.

Los Problemas con el Comportamiento Manipulativo

Usted podría no estar convencido de la idea de que el comportamiento manipulador de otra persona es dañino y peligroso para su vida. Y eso está bien. Hay muchas personas ahí afuera que generalmente tienen una visión positiva del mundo. Este es el tipo de personas cuyas disposiciones son siempre positivas, ya que siempre esperan lo mejor de los demás. Usted podría ser alguien que no pensaría que es posible que alguien le haga daño sustancial o daño a otro ser humano. Sin embargo, esta clase de ingenuidad puede ponerle en una situación comprometedora. Esta clase de mentalidad, aunque noble, puede hacerte perder el contacto con la realidad. La verdad es que no todas las personas tendrán siempre los mejores intereses de otros en mente, de hecho, es bastante raro.

Muchas veces, los deseos egoístas de un individuo van a ser capaces de superar su voluntad de hacer el bien a los demás. Es un hecho desafortunado que nuestros propios deseos egoístas no siempre van a coincidir con los mejores intereses de otras personas. Lo ideal sería que todos dejáramos de lado nuestras diferencias individuales y trabajáramos juntos para mejorar todo, ver cómo florece la tierra, descubrir lo desconocido y hacer avanzar nuestros recursos, conocimientos, etc. Sin embargo, en realidad tenemos que lidiar con nuestras siempre cambiantes y a veces molestas emociones. Tomarse el tiempo para entender la manipulación es igual, si no más útil, asumiendo que las intenciones de uno son verdaderamente justas por naturaleza.

Esta es exactamente la razón por la cual el comportamiento manipulador persiste y prevalece en la sociedad moderna. Incluso se podría argumentar que en un mundo globalizado en el que el poder se está descentralizando continuamente, hay más incentivos para aprovechar el potencial de otras personas para obtener una ventaja competitiva. Pero eso es completamente otro debate. El punto aquí es que el comportamiento manipulador es tóxico, y tiene el potencial de influir negativamente en la vida de una persona de una manera significativa.

Para ir directo al grano, el mayor problema con el comportamiento manipulador puede medirse por el daño que se inflige a los destinatarios de este comportamiento. Cuando se realiza de forma convencional, la manipulación se lleva a cabo normalmente de forma agresiva. Hay muchas intenciones posibles que pueden ir detrás de las tendencias manipuladoras de uno. Sin embargo, puede generalizarse en cualquiera de estos dos casos: para dañar directamente al objetivo del manipulador o para beneficiar al manipulador a expensas de la víctima.

Los efectos negativos de la manipulación son especialmente evidentes en las relaciones románticas cuando dos personas tienen una conexión más íntima y unida en la naturaleza. En estos casos, no es raro que el comportamiento manipulador sutil y matizado evolucione eventualmente hacia el abuso físico y la dominación. Sin embargo, la manipulación también puede causar estragos en plataformas más públicas. Por ejemplo, la publicidad y el marketing manipulativos pueden llevar a los consumidores a tomar decisiones de compra mal informadas basadas en afirmaciones fraudulentas. En los negocios, hay numerosos contratos de explotación que se están haciendo a diestra y siniestra que se basan en tácticas manipuladoras. La manipulación también está integrada en gran parte en sistemas políticos del mundo. Con las "noticias falsas" y los "hechos alternativos" que están siendo vallados por la gente en el poder, puede ser bastante fácil convencer a un público votante para que se comporte de cierta manera. Este tipo de enfoque manipulador de la gobernanza puede allanar el camino para la tiranía y el totalitarismo.

El Otro Rostro de la Manipulación

Es una creencia de larga data que la manipulación es dañina y que causar daño a otro ser humano es moralmente reprobable. Por supuesto, a primera vista, puede ser muy fácil etiquetar automáticamente todas las formas de manipulación como malas. Sin embargo, si realmente usted trata de estudiar el arte de la manipulación, a pesar de que sus métodos son siempre de naturaleza desviada, las intenciones no siempre son las de causar daño directo a otro ser. De hecho, hay algunos casos (aunque muy raros) en los que la manipulación podría realmente tratar de beneficiar al objetivo. Por ejemplo, tome el ejemplo de un padre que le miente a su hijo sobre la idea de Papá Noel. Él les dice a sus hijos que siempre deben practicar la bondad, el amor y la generosidad para que Papá Noel les recompense con un buen regalo cuando llegue la temporada de fiestas. También les dice que, si se portan mal, Santa solo les dará un pedazo de carbón.

Obviamente, ahora, como adultos, podemos identificar esto como un caso de manipulación porque sabemos que la idea de Papá Noel es una mera fantasía y folklore. Sin embargo, si usted mira las intenciones del padre en este escenario, él simplemente quiere asegurarse de que sus hijos siempre hacen el bien, incluso cuando nadie más está mirando. Es cierto que su enfoque paternalista para inducir la bondad y la generosidad en sus hijos podría ser manipulador. Pero sus intenciones no se pueden clasificar necesariamente en la categoría de manipuladores que buscan infligir daño a sus víctimas. Aunque los padres no conozcan nada mejor, sus posibles actos "manipuladores" a menudo vienen del lugar correcto del corazón. Es entonces cuando el arte de la manipulación parece caer en un área gris, y la gente todavía podría debatir si las intenciones de un manipulador pueden alterar el valor moral de la conducta manipuladora en sí misma. Todos vemos cosas basadas en nuestra propia realidad y los detractores de este tipo de manipulación "benévola" o "paternalista" estructuran su argumentación sobre la idea de que la manipulación es una violación de la propia autonomía. De esta manera, se revela la vaguedad real de la manipulación y se dificulta su definición en simples términos de diccionario, sugiriendo que debería ser vista más como un arte que como una ciencia.

Manipulación como Violación a la Autonomía de una Persona

Podría tener nobles intenciones cuando manipulas a una persona o podría no tenerlas. Sea como fuere, se puede argumentar que la manipulación siempre va a ser un concepto moralmente erróneo debido a que viola la autonomía del individuo. Este es el razonamiento que está detrás de este tren de pensamiento: cuando manipulas a alguien, estás tratando de influir en la capacidad de ese individuo para participar en la toma de decisiones. Sin embargo, cómo la manipulación se diferencia de la persuasión y el debate racional es que no busca iluminar o educar a alguien sobre una perspectiva alternativa. En ese sentido, con ligeras alteraciones o sesgos de los hechos que rodean a una idea, existe una clara interferencia con las capacidades autónomas de toma de decisiones de un ser humano. Esencialmente, la decisión de tomar una decisión autónoma es socavada por una persona que se involucra en un comportamiento manipulador.

Es importante enfatizar este punto porque hay muchas personas manipuladoras que excusan su comportamiento por un sentido de auto-justicia. Y si sus argumentos tienen o no mérito depende totalmente de usted. Pero para los propósitos de este libro, es importante proporcionar una perspectiva alternativa sobre el asunto para que se cubran todas las bases. Una vez más, obtener una mejor comprensión de la manipulación y los matices que la rodean le proporcionará el conocimiento que necesita para defenderse de ella.

Entendiendo Cómo Lidiar con la Manipulación

Al final del día, va a tener que lidiar con un montón de personas manipulativas en su vida. Va a exponerse a conductas manipulativas en varias formas y grados. Es una apuesta más segura estar en el lado dominante de la naturaleza humana y esperar que esto sea una constante en su vida sin importar con quién elija rodearse. Es por eso que siempre quiere llegar a un punto que intenta entender esta clase de comportamiento y las profundidades detrás de ello. Si no se controla, la manipulación podría causar mucho daño y perjuicios a la vida de tantas personas. En este libro, usted leerá acerca de cómo se usó la manipulación para promover los intereses personales de unos pocos selectos a expensas de los muchos. Ustedes van a estar expuestos a las muchas maneras en que la manipulación puede manifestarse y qué tipo de daño puede causar a un individuo.

Si también se suscribe a la idea de que la manipulación es una violación de la autonomía de una persona, estará mejor equipado para manejar los enfoques paternalistas del engaño y las noticias falsas. La mejor manera de armarse contra la conducta manipulativa es la consciencia. Haga un esfuerzo de entenderlo mejor. El enemigo más peligroso es la clase que no sabe que si quiera existe. Es por esto que el conocimiento es poder.

Y en este caso, el conocimiento también es protección. No es solo suficiente entender la conducta manipulativa, sino también conocerse a sí mismo.

"Si conoce al enemigo y se conoce a sí mismo, no debe temer el resultado de cien batallas. Si se conoce a sí mismo, pero no al enemigo, por cada victoria que obtenga también sufrirá una derrota. Si usted no conoce ni al enemigo ni a usted mismo, sucumbirá en cada batalla."

— Sun Tzu, **El Arte de la Guerra**

A medida que avanza por los capítulos siguientes, es posible que obtenga una mejor apreciación del arte de la manipulación. Usted podría incluso llegar a admirar la astucia y la inteligencia que conlleva ser capaz de controlar a un gran grupo de personas en un solo instante. Hay ciertos matices que ciertamente merecen cierto nivel de admiración, o al menos de respeto. Pero de nuevo, en cuanto a si usarás este conocimiento para ser una fuerza del bien en este mundo, depende de ti. El mero punto de esta publicación es actuar como un medio imparcial que ofrece una visión más profunda y una perspectiva más profunda sobre lo que es la manipulación, su aspecto, cómo gana poder y cómo puede ser detenida.

Capítulo I: El Esquema Ponzi - Una Guía Sistemática para la Manipulación de la Codicia

En este capítulo, vamos a echar un vistazo profundo en el famoso esquema Ponzi. Es posible que ya tenga algún tipo de exposición o familiaridad con este esquema, especialmente si tiene experiencia en finanzas. Pero más que ser un gran problema financiero, el esquema Ponzi también tiene un gran componente emocional. Es un caso de estudio adecuado sobre el poder de la manipulación como herramienta para alimentar y satisfacer la codicia de un hombre. Toca las tácticas taimadas y manipuladoras de un hombre que dejaría remanentes duraderos en la faz del juego de poder financiero, no sólo en los Estados Unidos, sino en el mundo.

Una Breve Historia

Es el año 1919 en Boston, Massachusetts. Charles Ponzi había recibido un Cupón de Respuesta Postal Internacional de un amigo en Italia. Ponzi había notado que los cupones fueron comprados originalmente en España, aunque inicialmente habían sido enviados desde Italia. El descubrió que esto era porque los cupones eran más baratos en España. Los cupones podían ser usados para intercambiarlos por estampillas de correo en los Estados Unidos. De hecho, dado el tipo de cambio de la moneda estadounidense y española en ese momento, se podría cambiar hasta seis veces más de lo que normalmente se obtiene por un sello de correos de origen local. Ponzi vio aquí una propuesta de valor única, y fue entonces cuando puso en marcha sus planes.

Utilizando los cupones españoles como inspiración, Ponzi ideó un esquema masivo que implicaba tomar las inversiones de la gente y convertirlas en pesetas españolas para comprar Cupones de Respuesta Postal Internacional. Luego enviaría estos cupones a los Estados Unidos para que se utilizaran para canjear sellos postales. Estos sellos podrían ser vendidos por dólares a cambio de una ganancia. En teoría, los planes de Ponzi eran infalibles, y demostrarían que le servían bien por un corto tiempo. Sin embargo, lo que él y muchos de sus inversores no preveían era que la explotación de estas discrepancias de precios en el mercado internacional se corregiría a sí misma con el paso del tiempo. Por lo tanto, este no era un modelo de negocios muy sostenibles.

Sin embargo, Ponzi estableció su empresa con el único propósito de explotar esta discrepancia entre los oficios de sellos postales internacionales. Él lo llamó La

Compañía de Seguridad e Intercambio. Usted podría haber confundido esto con la Comisión de Seguridad e Intercambio, pero la SEC no fue fundada hasta la década de 1930.

Ponzi se puso rápidamente a trabajar en sus esfuerzos por reunir fondos de tanta gente como pudo. Prometió a los inversores potenciales que se les garantizaría un 40% de retorno sobre sus inversiones en el lapso de sólo noventa días. Dado que las tasas de interés en ese momento eran de alrededor del cinco por ciento anual, la oferta de Ponzi era demasiado buena para transmitirla. Notablemente, la mayoría de las personas a las que Ponzi se dirigió estaban compuestas por la comunidad inmigrante del norte de Boston.

Todo comenzó con unas pocas inversiones modestas en los primeros meses de 1920. Ponzi entonces decidió aumentar la apuesta prometiendo un retorno del 100 por ciento de la inversión en tan sólo noventa días. Obviamente, dada su tentadora y única propuesta de valor, el flujo de caja estaba fuera de los gráficos. Tenía a seis personas bajo su empleo que trabajaban las 24 horas del día para administrar todo el dinero que llegaba. Ponzi decidió entonces poner todo ese dinero en una caja de ahorros mutua. Para aquellos que no están familiarizados con lo que es una caja de ahorros mutua, se parece mucho a una cooperativa de crédito en la que los depositantes compran acciones dentro del banco. Debido a sus grandes sumas de depósitos, Ponzi pronto se convirtió en el accionista mayoritario del banco. El eventualmente se convirtió en el presidente de la institución financiera.

Ponzi entonces se encontró muy ocupado ya que se le asignó la tarea de manejar grandes cantidades de dinero y adquirir varias piezas de bienes raíces. El definitivamente estaba viviendo una vida de riquezas y lujo que la mayoría solo puede soñar. Estaba tan ocupado con todo el dinero que estaba manejando, y terminó descuidando el esquema de cupones de respuesta postal internacional que le había hecho ganar dinero en primer lugar. Todas las ganancias que su organización estaba obteniendo eran sólo el resultado de los intereses de sus depósitos bancarios.

Una Inversión Demasiado Buena para Ser Verdad

A mediados de 1920, el Boston Post había publicado un artículo sobre la inverosimilitud y los defectos del modelo de negocios de Ponzi. El suministro de cupones de Respuesta Postal Internacional no se sumaba al tipo de rendimiento que Ponzi había prometido a sus inversores. Muchos inversionistas se acercaron a Ponzi con la intención de ganar una gran cantidad de dinero en efectivo en un corto período de tiempo. Y después del artículo que el Boston Post había publicado, muchos inversores estaban preocupados. Decidieron pedirle a Ponzi que les devolviera su dinero porque querían salir inmediatamente. Ponzi usó cheques del Hanover Trust Bank, un banco sobre el que había ganado el control, para pagar a estos inversionistas.

En un esfuerzo por hacer un poco de control de daños sobre el artículo del Boston Post, prometió a los inversores que tenía otro plan que estaba en marcha. También tuvo el descaro de decir que este plan produciría más dinero que el plan de cupones postales. Ponzi fue capaz de convencer a tanta gente para que se comprometiera con sus nuevas promesas que ganó un par de cientos de miles de dólares adicionales en inversiones.

Sin embargo, no era solo el Boston Post lo que estaba siendo una espina en el costado de Ponzi. El Fiscal de Distrito de Boston en ese momento ordenó que Ponzi dejara de tomar nuevas inversiones para la Compañía de Seguridad e Intercambio. El Fiscal afirmó que había una necesidad de auditar los libros de la compañía. Además de que el Fiscal iba tras Ponzi, se publicó otro artículo del Boston Post. En este nuevo artículo, el Post había reunido información de un hombre que había trabajado anteriormente para la compañía de Ponzi. Su fuente afirmó que Ponzi tenía una deuda de un millón de dólares y que Ponzi estaba depositando fondos en su banco que ganaba hasta un cinco por ciento de interés en un año, en lugar de concentrarse en obtener ganancias que pudieran producir un rendimiento del cien por ciento en noventa días.

Fue también durante este tiempo en el que el Post podría desenterrar la historia de Ponzi. Nació originalmente en Italia, pero luego emigró y se crio en Canadá. Había incursionado mucho en el trabajo, lo que lo llevó a organizar transferencias de dinero con inmigrantes italianos. Hubo informes de que muchas de estas remesas nunca llegaron a buen término. También tuvo su parte de tiempo en la cárcel en Montreal por falsificar firmas. Una vez que fue liberado de la prisión, tuvo que ganarse la vida a través de trabajos de baja categoría como oficinista y lavar platos. Sólo cambió para él en el año 1919, cuando descubrió las discrepancias del International Post Reply Coupon.

Esencialmente, la Compañía de Seguridad e Intercambio se desmoronó como resultado de todas las noticias y auditorías. Se estimaba que poseía alrededor de 7 millones de dólares (lo que equivale a unos 200 millones de dólares en la actualidad). El Hanover Trust también fue cerrado por la Comisión Bancaria del Estado de Massachusetts. Sin embargo, Ponzi se dio cuenta rápidamente de lo que estaba sucediendo y había sacado un millón de dólares del banco. Usó este dinero para apostar fuerte en la pista de carreras de Boston en un esfuerzo por mantener su compañía líquida.

Ponzi fue arrestado y acusado de hurto mayor y fraude. Luego se defendió diciendo que la gente en el poder sólo intentaba castigarlo por ofrecer un campo de juego más nivelado que permitiera a los "pequeños" ganar tanto dinero como a los ricos. Ponzi fue a prisión una vez más, pero fue puesto en libertad condicional después de tres años.

Los artículos de prensa y la auditoría de la Compañía de Seguridad e Intercambio de Ponzi destruyeron el esquema. La Comisión Bancaria del Estado de Massachusetts cerró Hanover Trust, la mutua de ahorros de la que Ponzi era presidente, pero no antes de que Ponzi llevara cerca de un millón de dólares a un hipódromo de Boston para apostar en algunas apuestas a largo plazo con la esperanza de ganar lo suficiente como para hacer solvente a su compañía.

Sin embargo, a pesar de que fue puesto en libertad condicional, Ponzi se encontraría en desacuerdo con la ley una vez más. Fue vuelto a arrestar por violar su libertad condicional. Entonces decidió saltarse la fianza y se cambió el nombre. Se mudó a Florida, donde más tarde sería arrestado de nuevo por fraude de bienes raíces. Él había prometido un retorno del 200 por ciento en un lapso de sesenta días a varios inversionistas potenciales. Pudo saltarse la fianza una vez más, pero luego fue capturado y extraditado a Massachusetts. Fue enviado a prisión por otros siete años.

Una vez liberado de la prisión, fue deportado a Italia, donde tuvo que luchar para encontrar un trabajo constante hasta su muerte sin incidentes.

Las Tácticas de Manipulación de Ponzi.

En este caso, Ponzi aprovechó la naturaleza misma de la codicia humana para satisfacer su propia codicia por el dinero. Él quería que vivir una vida de comodidad y lujo. Sin embargo, él sabía que no sería capaz de hacer eso solo, o no quería hacerlo. Es por esto que el decidió usar a otras personas. Las manipuló pensando que ellos se harían ricos juntos siempre y cuando estuviera a bordo con él. En esencia, el codicioso Ponzi capitalizó la codicia de otras personas haciendo promesas exorbitantes que no tenía intención de cumplir.

Él sabía que muchas personas han compartido sus deseos de hacerse ricos. Todo era sólo cuestión de idear un plan que pudiera atraer a un montón de gente como él a toda la incursión. Sin embargo, los analistas y expertos financieros le dirán que un análisis exhaustivo del modelo de negocio de Ponzi sería realmente fácil de decir que no. No había manera de que Ponzi pudiera cumplir sus promesas con el esquema de hacer dinero que había establecido. Pero Ponzi sabía que la codicia de la gente sacaría lo mejor de ellos, y capitalizó ese hecho. Sabía que la simple desesperación por enriquecerse sería suficiente para atraer a alguien a ir en contra de su propio y mejor juicio.

También debe tenerse en cuenta que cuanto menor sea el conocimiento de una persona sobre un tema, más fácil será manipularla hacia lo que se presenta. Y aquí es donde el objetivo principal de Ponzi entró en juego. En lugar de una persona que ha dominado una habilidad específica, encuentre al novato desprevenido. Cualquier intento de manipular a una persona que conoce el tema al dedillo, digamos en este caso cualquier inversión económica o financiera relacionada, es probable que se les llame la atención, ya que pueden ver más allá de la pelusa y el engaño. La gente manipuladora sabe que hacer promesas simples, consejos y trucos gratuitos que supuestamente actúan como información valiosa para un principiante les ganará la confianza de la gente con el tiempo, donde podrán empezar a ofrecer su "experiencia" pagada.

Los manipuladores a menudo le hacen tomar decisiones apresuradas, creando una sensación de urgencia sobre el caso. Tendemos a tomar malas decisiones bajo presión y con el tiempo de su parte es probable que usted tome una decisión sin suficiente información. Presentan algo como confinado, una oportunidad especial que resulta ser fácilmente accesible en este momento, pero sólo por un tiempo limitado. Los manipuladores siempre quieren mantener a la víctima reaccionando en lugar de pensar racionalmente en la situación, y como sabemos, el dinero es uno de los objetos más poderosos para convertirnos a un estado emocional y reactivo de la mente. Actuar en el estado emocional requiere naturalmente menos esfuerzo que pensar algo racionalmente, lo que requiere un gran esfuerzo y es bastante agotador.

El esquema Ponzi era simple, y no es difícil ver por qué tanta gente se lo creyó. Después de todo, ¿quién no quiere enriquecerse rápidamente? Aunque sus promesas parecían demasiado buenas para ser verdad, el carisma y la destreza manipuladora de Ponzi lo hicieron lo suficientemente convincente como para que la gente las aceptara.

No piense que los tiempos de las personas que caen en esquemas Ponzi o estafas han terminado, todo lo contrario. Hasta el día de hoy, hay un montón de individuos manipuladores por ahí que hacen sus estafas según el esquema de Ponzi. Y todavía hay un número alarmante de personas que caen en esta táctica todos los días. Sólo en la historia muy reciente ha habido muchas estafas masivas en las que los manipuladores han logrado utilizar la codicia humana con protocolos muy simples; Bitconnect, el escándalo de la "inversión" de Madoff, el esquema de Allen Stanford, etc. Evitar este tipo de esquemas o estafas es bastante simple, establezca valores profundos y fundamentales en los que usted cree firmemente. Pero es más fácil decirlo que hacerlo, debes mantenerte fiel a estos principios. Una persona que en el fondo ignora la mentalidad de "hacerse rico rápidamente" tiene menos probabilidades de ser atraída a cualquier tipo de esquema, incluso por el más astuto de los manipuladores.

Capítulo II: Un Complejo Napoleónico - Manipulación en Masa para Amasar Poder

En este segundo capítulo, vamos a echar un vistazo a la vida de una de las figuras más prominentes de la historia del mundo, Napoleón Bonaparte. Con gente que no está familiarizada con la historia de Napoleón, es conocido por ser uno de los más grandes campeones de Francia cuando apenas comenzaba a recuperarse después de la Revolución Francesa. Sin embargo, para aquellos que lo estudiaron extensamente, sabrían que Napoleón estaba entre los verdaderos maestros en los reinos de la manipulación y la propaganda. Era un hombre que anhelaba el poder, y sabía que la mejor manera de conseguirlo sería a través de la manipulación masiva de la ciudadanía.

Era un tipo que entendía que no se trataba sólo de ser noble y de ser fiel a sí mismo. De hecho, entendió que la clave para acumular poder era todo lo contrario. Para ganar más influencia, Napoleón tuvo que manipular la percepción pública. Sabía que tenía que retratarse a sí mismo como alguien que el público en general quería que fuera. Fue a través de su búsqueda despiadada del poder de donde proviene la idea del *Complejo de Napoleón*. Con sólo 1,7 metros de altura, Napoleón se consideraba bastante pequeño para ser un oficial francés. Los aficionados a la historia y los psicólogos afirman que su complejo de inferioridad sobre su estatura le hizo tener más hambre de buscar aún más poder e influencia.

Una Historia Alta para un Hombre Bajo

La mayoría de la gente va a conocer a Napoleón como un excelente estratega militar que encontró mucho éxito en el campo de batalla. Sin embargo, él era más que solo eso. También era una figura pública muy prominente que entendía la importancia de la percepción pública. Él sabía que el derecho de una persona al poder es tan bueno como la cantidad de influencia que uno pueda tener sobre la gente. Era un hombre convencido de que el poder era efímero y que la lucha por ganarlo y retenerlo dependía del apoyo del público. El realmente ponía en práctica sus principios. Utilizó sus conocimientos y comprensión de la propaganda para promover sus intereses en la esfera política de Francia. Hasta el final de su reinado, estuvo en el negocio de manipular a la opinión pública para favorecer sus intereses.

Esta es la razón por la que logró reprimir las denuncias y las protestas públicas a pesar de que su gobierno infantil estuvo en guerra durante catorce de sus quince meses de existencia. Napoleón era un experto en establecerse como una figura poderosa y estable a pesar de la naturaleza inestable de la época. Napoleón hizo uso de varias herramientas y maquinarias políticas para promover sus intereses. Sin embargo, en lo que era realmente bueno era en manipular a la opinión pública para que siempre tuviera su influencia.

Nadie puede afirmar nunca que Napoleón no fuera un hombre ambicioso. El año es 1796, y él era prácticamente nadie en ese entonces. Era uno de los muchos generales sin nombre, sin experiencia que dirigían ejércitos en territorios italianos. Pero en el lapso de sólo tres años, pudo ascender hasta convertirse en el jefe de toda la fuerza policial. Su ascenso al poder en tan poco tiempo no tiene precedentes. Pero fue posible gracias a su valentía y determinación. Además, ayudó que él fuera excepcionalmente habilidoso en involucrarse en medios metódicos de manipulación. Tenía un don para dirigir y motivar a la opinión pública para que sirviera mejor a sus intereses. En julio de 1797, Napoleón había presentado una queja muy pública contra los periódicos franceses que habían criticado sus tácticas militares cuando estaba destinado en Milán. Incluso llegó a decir que los periódicos franceses estaban bajo el sueldo de los ingleses y que deberían haberse desmantelado. Las medidas de Bonaparte fueron rápidas y despiadadas, y fue capaz de censurar a los periódicos para que no publicaran nada negativo sobre él y sus tropas. Ordenó a su personal que se asegurara de que los periódicos no difundieran ningún tipo de desánimo sobre las operaciones y el desempeño militar, a fin de no debilitar la moral de los soldados.

Pero Napoleón no se detuvo meramente al censurar los periódicos que eran críticos con él. También era conocido por reinar el terror sobre cualquiera que se acercara a su camino. Entonces decidió crear sus propias plataformas de medios de comunicación en un esfuerzo por mejorar su propia imagen pública y frustrar cualquier otro esfuerzo de propaganda negativa. Reclutó la ayuda de personas que estaban alineadas con los grupos políticos realistas -conocidos como Club Cichy- y estableció sus plataformas mediáticas. En tan sólo un año, pudo crear seis puntos de venta de periódicos diferentes, todos bajo su dirección. A estos periódicos sólo se les permitía reflejar las opiniones políticas de Napoleón y asegurarse de que siempre estuviera pintado bajo una buena luz. Muchos de los artículos que se publicaron en estos documentos fueron escritos incluso por el propio Bonaparte.

Cerca del final de la revolución francesa, a principios de 1799, el ejército de Napoleón lanzó una invasión de la Siria gobernada por el Imperio Otomano. La campaña de invasión tuvo un éxito inicial, pero duró poco, como lo demostró la derrota en la batalla sobre Acre (el actual Israel). Ese verano, cuando la campaña egipcia estaba estancada, con la situación política en

Francia marcada por la incertidumbre, el siempre ambicioso y astuto Napoleón optó por abandonar a sus compañeros soldados franceses en Egipto y regresar a Francia. Anticipando que las tropas debilitadas probablemente no servirían de nada.

Una proclamación informó al ejército de que Bonaparte había transferido sus poderes como comandante en jefe al general Kléber. Esta noticia fue tomada mal, con los soldados enfadados tanto con Bonaparte como con el gobierno francés por dejarlos atrás, pero esta agravación no tardó en terminar, ya que las tropas fueron calmadas por Kléber, quien les convenció de que Bonaparte no se había marchado definitivamente pero que pronto volvería con refuerzos de Francia, lo que obviamente nunca fue parte de los planes de Napoleón.

Deslumbrados por la campaña pública de Napoleón en Oriente Medio, los ciudadanos lo recibieron con entusiasmo. Sin embargo, desde el momento de su regreso, Napoleón ya había tramado un plan para apoderarse de la actual fuerza electoral de los franceses y, en última instancia, se hizo con el poder a través de una hábil manipulación y engaño sobre sus oponentes y el público francés, manteniendo ocultas sus verdaderas intenciones hasta el final.

En noviembre de 1799, en un evento conocido como el golpe de estado del 18 de Brumaire, Napoleón formó parte de un grupo que derrocó con éxito al Directorio Francés, un comité que había gobernado Francia durante los últimos cuatro años de la revolución. El

Directorio fue reemplazado por un nuevo consulado de tres miembros, Napoleón convirtiéndose en el primer cónsul, lo que lo convirtió en la figura política más importante de Francia que puso fin a la revolución francesa. En junio de 1800, en la batalla de Marengo, las fuerzas de Napoleón derrotaron a uno de los eternos enemigos de Francia, los austriacos, y los expulsaron de Italia. La victoria ayudó a cementar el poder de Napoleón como primer cónsul.

Al ver que el país seguía en el caos de los muchos años de la revolución, Napoleón trabajó para restaurar la estabilidad en la Francia posrevolucionaria. Centralizó el gobierno; instituyó reformas en áreas como la banca y la educación; apoyó la ciencia y las artes; y buscó mejorar las relaciones entre su régimen y el Papa (que representaba la religión principal de Francia, el catolicismo), que había sufrido durante la revolución. Uno de sus logros más significativos fue el Código Napoleónico, que racionalizó el sistema jurídico francés, dando algunos de los fundamentos básicos del derecho civil francés hasta nuestros días. En 1802, una enmienda constitucional convirtió a Napoleón en el primer cónsul vitalicio. Dos años después, él se coronó a sí mismo emperador de Francia.

Se podría pensar que fue el lugar de Napoleón en el ejército lo que le permitió convertirse en una figura tan prominente en Francia en ese momento. Y aunque utilizó su posición bastante bien en sus esfuerzos por ganar poder, fue mucho más que eso. Había muchos otros oficiales carismáticos en el ejército que tenían personalidades que eran igual de fuertes. Sin embargo, Napoleón siempre tuvo una ventaja a la hora de ganarse el sentimiento de la sociedad en su conjunto. No era solo lo militar lo que él estaba trabajando. También estaba atento a cómo los otros aspectos de la sociedad lo estaban percibiendo a él también. Es cierto que el establecimiento de sus propios periódicos propagandísticos ayudó a su popularidad. Sin embargo, fue la publicación de sus propios informes personales sobre el ejército en las principales publicaciones francesas lo que consolidó su popularidad entre las masas francesas. También comprendió que, si quería fortalecer aún más su popularidad, tendría que ganarse la atención y el respeto de la élite intelectual de Francia. Él lo hizo tan exitosamente con su encanto y carisma. Consiguió ganar el favor de las clases más altas de las potencias intelectuales francesas incluso antes de su campaña egipcia. Tenía una lista de más de 200 ingenieros, pintores, arquitectos, filósofos, matemáticos y pensadores respetados de varios tipos bajo su influencia. Y estos pensadores poderosos también tenían su propia influencia sobre las masas de Francia. Cuando se combina esto con el hecho de que Napoleón añadió dos periódicos más a su lista de kilometraje mediático, estaba empezando a quedar claro qué tipo de poder tenía este hombre. El ya no era solo un soldado en los ojos del pueblo francés. Él había evolucionado a algo mucho más que eso. Se había convertido en una figura de la iluminación, algo divino. Él era un ídolo. Era el más atípico que ellos sabían que nunca estaría asociado con el escándalo, la corrupción o las políticas de clientelismo.

Napoleón era excepcionalmente habilidoso escribiendo. Era evidente en la forma en que construía narraciones y las incorporaba en sus informes militares. Esto se hacía aún más evidente cada vez que alguien comparaba sus escritos con los de otros generales como Moreau. Para otros generales y oficiales militares, los informes del ejército debían ser pasivos, imparciales, no emocionales y secos. Sin embargo, Napoleón decidió tomar otro camino con sus escritos, y su decisión de hacerlo le sirvió bien. En lugar de recurrir a meras declaraciones de hechos y cifras, Napoleón decoró sus escritos para que el lector se sintiera comprometido e interesado. Pero, lo más importante, siempre se escribió en primera persona para enfatizar el hecho de que él estaba allí y que estaba haciendo valiosas contribuciones al campo. Fue capaz de construir sus narrativas con la ayuda de la lingüística y la verborrea. Jugó con exageraciones e hipérboles para hacer que sus hazañas parecieran más grandes de lo que realmente eran. Y cuando llegaba el momento de informar sobre resultados negativos o misiones fallidas, siempre se apresuraba a desviar la atención del lector hacia historias de éxito en un esfuerzo por distraerlo. Napoleón era muy bueno en la elaboración de sus informes de una manera que entusiasmara y atrajera a sus lectores hasta el punto de que se involucraran en su vida personal y en sus tratos. Mientras que los informes del ejército fueron diseñados para ser narraciones tácticas, Napoleón los convirtió en apelaciones a las emociones del público en general. La escritura de Bonaparte de sus logros personales ha inspirado muchas obras de artistas, poetas, músicos y más para añadir aún más profundidad y color a la leyenda de Napoleón.

Teniendo en cuenta todo esto, es importante señalar que Napoleón fue un estratega militar brillante. No importa lo mucho que se intente darle la vuelta, él era un líder efectivo dentro y fuera del campo. Tenía una mente para la estrategia, y le dio un buen uso. No fue sólo la teatralidad de su propaganda lo que lo hizo tan exitoso. Fue capaz de construir una base sólida para su reputación haciendo un buen trabajo y demostrando a la gente que podía hacer el trabajo. Todos sus movimientos de propaganda eran meramente suplementarios a lo que ya había establecido para su propia imagen personal. Sería injusto tildar a Napoleón de mero propagandista que no tiene profundidad real detrás de su imagen bien hecha y su percepción pública. Aún era una persona de sustancia. Era una figura formidable que se abrió paso hasta la cima con un poco más de creatividad y astucia que la mayoría de la gente.

También hay otros factores situacionales que influyeron en los esquemas y tácticas de Napoleón. Cuando Napoleón publicó sus memorias en 1815, afirmó que el 96% de Francia era analfabeta durante su reinado. Así fue como justificó su duro estilo de liderazgo a pesar de que mucha gente lo había criticado por ser un dictador. Sin embargo, sus afirmaciones no coincidían con la evidencia de lo que era cierto en ese momento. Era bien sabido que Napoleón había dedicado mucho de su tiempo, energía y recursos a cultivar su propaganda a través de la prensa. Esta no habría sido una medida eficaz si una abrumadora mayoría de Francia fuera analfabeta en ese momento. Las estadísticas indican que, en la década de 1680, sólo alrededor del 21% de las personas que vivían en Francia eran capaces de escribir sus propios nombres. Pero cuando llegó la década de 1780, esa estadística había subido al 37%. Esto ha llevado al sentimiento de múltiples historiadores de que Francia estaba alfabetizada en gran medida para cuando Napoleón había acumulado su poder. También podría valer la pena señalar que los esfuerzos propagandísticos de Napoleón no habrían tenido la misma repercusión que sin la creación de la prensa política. Esto fue fundado durante la revolución anterior a su ascenso al poder. El establecimiento de la prensa política había consolidado aún más la prueba de que Francia era una sociedad funcionalmente alfabetizada y que no justificaba la fuerte gobernanza de las armas de la que Napoleón hablaba en sus memorias. Sin embargo, eso no lo detuvo de querer manipular a los lectores sobre cómo lo percibieron y a su legado.

Otro factor clave y determinante que ayudó a solidificar el legado de Bonaparte fue el hecho de que la base política y democrática que se estableció inmediatamente después de la revolución era bastante débil. Era un sistema diseñado para levantar la voz de las masas, pero, a su vez, creó una vasta e inmanejable división de poder entre el Conseil des Cinq-Cents y el Conseil des Anciens. Como resultado, el conflicto político resultante no pudo resolverse por ningún otro medio que no fuera la pura fuerza. Es por eso que crear políticas rara vez era civilizado y eficiente. Para agregarle a eso, el gobierno político tenía una muy pequeña influencia sobre sus militares. No era raro que los generales desobedecieran órdenes y funcionaran bajo sus propias directivas durante la guerra. Napoleón, en particular, era culpable de esto. Sin embargo, gracias a sus maniobras políticas expertas, pudo eximirse de acusaciones y escrutinio político. Fue debido a este vacío de poder entre el gobierno y los militares donde Napoleón vio su oportunidad. Era necesario que alguien pudiera unir ambas ramas, y Napoleón tenía una base pesada en ambas. Para que el Estado buscara el control total sobre Francia y sus constituyentes, alguien tenía que ser capaz de dar un paso al frente. Se necesitaba una figura poderosa que pudiera servir de cabeza de palo para que el estado avanzara. Fue la mala reputación del gobierno estatal y la volatilidad de los militares lo que llevó al drástico ascenso al poder de Napoleón.

Pudo inducir a los miembros del Directorio a presentar candidaturas para ser el líder del Estado. En un esfuerzo por fortalecer su campaña política y reclamar el escaño, utilizó sus habilidades en propaganda para pintar al gobierno como corrupto, ineficiente y hambriento de poder. Se retrató a sí mismo tan eficazmente como el Mesías que podría poner fin a todos los problemas de la nación. Fue capaz de manipular la percepción que el público tenía de él como un héroe incorruptible, en el que sabían que siempre podían confiar para que fuera justo y con principios.

Maestro de la Percepción Pública

A pesar de la conclusión de la invasión de Egipto, Napoleón la convirtió en un éxito masivo. A pesar de haber huido de Egipto, abandonando sus tropas, Napoleón sólo obtuvo más poder a su regreso. Al no estar ausente en los momentos de ansiedad, Napoleón se distanció de los temas en Francia, sólo fortaleciendo su imagen ante el público con sus campañas de propaganda y difundiendo el apoyo de los intelectuales franceses. Usted puede aparentemente separarse de los conflictos cotidianos simplemente no participando en ellos. Por supuesto, no siempre se puede simplemente "desaparecer", pero al estar siempre disponible se afloja el poder sobre las personas a medida que se debilita su interés en ti. Retirarse por un momento, hacer esperar a la gente, ir a trabajar en otra cosa, no estar disponible todo el tiempo y dejar que la gente venga a usted. Los manipuladores saben esto y a menudo utilizan su accesibilidad para establecer la fase una vez que se ha establecido la conexión inicial.

Tuvo dos periódicos específicos durante la campaña de Egipto, el "Courrier de l'Egypte" y la "Décade Egyptienne", que iniciaron específicamente la imagen de que Napoleón no era un mero soldado, sino una figura líder ilustrada, alejada de la corrupción de la política doméstica y apta para cubrir cuestiones intelectuales. Todas las publicaciones enfatizaron naturalmente los logros de Napoleón, hablando de los éxitos e ignorando las derrotas. La audacia puede ser usada como una herramienta para que la gente lo quiera aún más. Se relaciona más con el lado emocional del cerebro y es más fácil de digerir. Por otro lado, la incertidumbre y un enfoque cuidadoso, científico o racional es menos atractivo para la mayoría, porque requiere más reflexión y nos llega de forma menos natural. Napoleón fue un gran valiente, además de hacer afirmaciones audaces y deseables en tiempos de incertidumbre, separándose de la multitud.

No es ningún secreto que el éxito de Napoleón se atribuye en gran medida a sus habilidades como propagandista. Sin embargo, también es importante señalar que el momento de su ascenso al poder parecía haber funcionado también a su favor. Fue empujado a una sociedad francesa que buscaba una figura fuerte y poderosa. Y sabía que tenía todo lo que necesitaba para cumplir con esos estándares y para encajar también en esa imagen. Sin duda, tenía talento como oficial militar, y eso se hizo evidente en sus numerosos logros en el campo de batalla. Era un excelente escritor que tenía el ingenio y el carisma que podían rivalizar con los grandes líderes políticos de la historia. A la gente simplemente le encantaba pasar tiempo con él o escuchar lo que tenía que decir.

Realmente tenía todas las herramientas que necesitaba para hacer lo que hizo. No era sólo una cuestión de organizar un golpe de estado exitoso y derrocar a la gente en el poder. También era muy hábil en mantener ese poder y cultivarlo durante un período prolongado de tiempo. Napoleón había sido capaz de dar un sentido de estabilidad a una nación que había sido sacudida por la agitación como resultado de la revolución. Sabía que ser un líder eficaz no sería nada si el público no lo percibía de esa manera. Comprendió lo importante que era influir y convencer a la opinión pública a su favor por pura voluntad y ocasionalmente por desviarse.

Si Napoleón fue o no un líder fuerte y eficaz sigue siendo un asunto que se discute. Sin embargo, la mayoría de la gente parece estar de acuerdo en el hecho de que era un excelente propagandista que sabía cómo hacerse ver bien y agradable a los ojos de la gente a la que servía.

Capítulo III: Manipulación Maquiavélica - Lecciones de El Príncipe

Para este capítulo, no vamos a entrar en detalles sobre la vida real de un individuo en particular. Vamos a cambiar de marcha un poco. En lugar de enfocarse en la aplicación de la manipulación en la vida real, usted va a estar expuesto a un marco teórico sobre la manipulación que se enfoca en el único propósito de amasar y mantener el poder político. Probablemente has oído hablar de la famosa cita: "El fin justifica los medios". Es una que es pronunciada muchas veces por personas que están más preocupadas por obtener resultados y hacer las cosas en lugar de hacerlas correctamente. Este dicho se atribuye a uno de los filósofos políticos más influyentes de la historia, Nicolás Maquiavelo.

Hoy en día, el término "maquiavélico" se utiliza para describir a las personas que son astutas, deshonestas y poco confiables. Parece que las personas que son consideradas maquiavélicas siempre van a tener algún tipo de motivo oculto que se basa en una obsesión malsana con el poder. Sin embargo, ¿era Maquiavelo realmente de esta manera? Bueno, no necesariamente. La razón por la que la gente taimada tiende a asociarse con alguien como Maquiavelo es por su obra literaria más famosa (probablemente) El Príncipe. En este libro atemporal, Maquiavelo narra varias reflexiones y filosofías en torno a la idea de reunir poder personal. Sin embargo, en realidad no se preocupa por la aplicación positiva de ese poder. *El Príncipe* sólo se ocupa de recoger el poder y asegurarse de que uno se mantenga en el poder por cualquier medio necesario.

Es debido a la naturaleza despiadada de los principios que se mencionan en este libro que Maquiavelo es a menudo ilustrado como un mal ejemplo para la gente noble y con principios.

Un Legado Maquiavélico Duradero

Dada la vastedad y diversidad del panorama político actual, puede ser difícil hacer un seguimiento de todas las diferentes filosofías y pedagogías políticas a las que podrían suscribirse los grupos críticos de personas. Si a esto se añade el hecho de que muchas filosofías y movimientos políticos cobraron vida y murieron a lo largo de la historia humana, sería difícil creer que ciertas filosofías políticas serían capaces de mantener su relevancia e influencia a lo largo de un siglo. Pero esto es algo que Maquiavelo fue capaz de hacer con su obra atemporal, *El Príncipe*. Escrito hace más de cinco siglos, las lecciones, filosofías y perspectivas éticas que se pueden obtener de *El Príncipe* todavía resuenan en el discurso político global de hoy.

Maquiavelo nació el 3 de mayo de 1469 en Florencia, Italia. El filósofo político pasó toda su vida profesional estudiando y trabajando en varias teorías y conceptos políticos. Sin embargo, ninguna de sus obras ha perdurado tan bien y tan profundamente como *El Príncipe*. El tema principal del libro gira en torno a las reglas y principios básicos que un príncipe o un líder debe cumplir para ganar y conservar el poder. En última instancia, gran parte del contenido de El Príncipe giraba en torno a ser despiadado, astuto y manipulador con el único propósito de ganar poder. Incluso durante siglos después de la muerte de Maquiavelo, su nombre se convirtió en sinónimo de la idea de ser taimado y manipulador en aras de los intereses personales. Incluso hay una prueba psicológica popular que lleva su nombre, que examina cuán maniobrador puede ser usted como persona. Puede intentar buscar la prueba en línea si alguna vez siente curiosidad por saber cómo le iría.

Una personalidad Maquiavélica se caracteriza en última instancia por rasgos de cinismo, desconexión o desprendimiento emocional, insensibilidad, y la tendencia a ser manipulador hacia otros para beneficio personal. En el mejor de los casos, probablemente se podría decir que los principios y métodos de una persona Maquiavélica son moralmente cuestionables. Sin embargo, también hay varios grados de Maquiavelismo. Típicamente, las personas que tienen un mayor "dominio" de los principios Maquiavélicos tienden a ser más estratégicas que viles desde el punto de vista emocional. Se centran sobre todo en el comportamiento metódico que les permitiría obtener lo que quieren de la vida y de las personas con las que están.

¿El Fin Justifica los Medios?

Uno de los principios más grandes de *El Príncipe* en el que Maquiavelo puso mucho énfasis es la idea de que el fin justifica los medios. Esencialmente, Maquiavelo afirmó que mientras se logre el resultado deseado de una medida en particular, entonces la medida en sí misma se justifica independientemente de lo que sea. Es un punto de vista muy utilitario que se basa en un razonamiento moral consecuente. Sobre la base de este principio, el valor moral de un acto sólo puede medirse por las consecuencias que se derivan de ese acto en particular. Es por eso que Maquiavelo argumentó que el empleo de medios despiadados y viciosos para lograr un fin deseado va a ser justificado por la eficacia de esos medios. En esencia, lo que decidas hacer es irrelevante. Lo que importa es si usted hace el trabajo o no.

Entonces, dado que esa es la premisa de tener un tipo de personalidad Maquiavélica, ¿está realmente justificado ser así? ¿Son "malas" las personas que tienen este tipo de personalidad? Bueno, como siempre es el caso, la moralidad es relativa. Puede ser difícil determinar la verdadera moralidad de una persona dado que hay muchos marcos morales con los que trabajar. Sin embargo, lo que el maquiavelismo muestra es una cierta falta de empatía por los demás y una falta de respeto por la individualidad y la dignidad. También es un rasgo de personalidad muy egoísta que busca siempre priorizar las necesidades de uno mismo, incluso si significa pisotear las necesidades de otras personas. Sin embargo, también puede ser vista como una medida protectora. Los Maquiavélicos pueden argumentar que sólo buscan protegerse de ser manipulados o explotados por otras personas. Si esta justificación es aceptable o no, sigue siendo objeto de debate.

Hay un entendimiento general de que las personas que llevan rasgos y principios maquiavélicos van a ser más sensibles al tratar con el rechazo o el fracaso. No les gusta encontrarse en posiciones en las que no tienen el control o en las que no pueden opinar sobre el resultado. También son individuos muy orientados hacia la meta que dirían o harían cualquier cosa para acercarse más a donde quieren estar en la vida.

¿Es Maquiavélico Ser Estratégico?

Hay un argumento que se puede tener sobre cómo el Maquiavelismo es esencialmente un término demonizado por ser estratégico o inteligente. Para ser franco al respecto, alguien que sería eficaz en el empleo de los principios Maquiavélicos sería alguien que tiene una mejor comprensión de cómo funciona la gente y cómo funciona el mundo. Se necesitaría una gran cantidad de perspicacia, planificación, previsión y destreza cognitiva para llevar a cabo con éxito un plan de juego Maquiavélico. Es por eso que los defensores de los principios Maquiavélicos afirman que no se les debe culpar por encontrar maneras más inteligentes de acercarse a sus metas y sueños.

Sería difícil refutar el hecho de que la gente que tiene un don para la estrategia va a ser mejor siendo Maquiavélica. Es este tipo de previsión la que le permitiría a alguien ser increíblemente hábil en la manipulación de otras personas como medio para alcanzar metas a largo plazo. Además, no es sólo una cuestión de crueldad y precisión. Con esta manipulación, para que sea sostenible, los Maquiavélicos necesitan asegurarse de que están encubiertos para que sus víctimas no se den cuenta de sus métodos.

Incluso algo tan simple como acercarse a alguien para conseguir que revele información confidencial que usted podría necesitar para salir adelante puede ser considerado Maquiavélico. No sería fácil para cualquiera derribar las paredes de una persona y penetrar en su psique para hacerla hablar de un asunto delicado. Sin embargo, las personas que tienen altos niveles Maquiavélicos tienden a ser muy hábiles en esto.

Los Principios Maquiavélicos Clave de El Príncipe

En lugar de entrar en detalles sobre el contenido de El Príncipe, voy a destacar algunos de sus pasajes y principios más famosos. Usted puede encontrar confluencia con otros conceptos bien conocidos, ya que estos son principios antiguos pero atemporales dignos de ser utilizados; se aplican a muchas partes de la vida. Esto es para que usted pueda obtener una comprensión más profunda de esta filosofía. Y a su vez, usted estará en mejores condiciones de identificar y comprender estas tácticas y principios en las personas con las que interactúa diariamente.

Sea consciente del presente.

En *El Príncipe*, Maquiavelo subraya la importancia de estar siempre atento al presente. Dijo que, para ser un líder eficaz, uno siempre debe estar al tanto de las cosas. Esto significa que siempre se requerirá la presencia de la mente en la búsqueda del poder. Esto se debe en gran medida al hecho de que, en la búsqueda del poder, hay varias situaciones de emergencia y desastres que requerirán la atención de uno. Y según Maquiavelo, el hecho de no estar presente en esos momentos podría significar la caída de un líder.

Él enfatiza que un verdadero líder debe ser alguien que esté siempre alerta. Naturalmente, cuanto antes se aborden los desastres inesperados, menos perjudiciales serán para los planes de uno de ganar poder y éxito.

Tenga cuidado en quién confía.

En *El Príncipe*, Maquiavelo es muy particular sobre la idea de no ser tan liberal con la confianza en otras personas. Él enfatiza que la búsqueda del poder es a menudo muy solitaria a pesar del hecho de que usted podría necesitar usar a unas cuantas personas más o menos para llegar a donde usted quiere estar. Sin embargo, advierte a los lectores sobre los peligros de confiar temerariamente en la gente. Dice que, aunque usted piense que son aliados valiosos, es posible que lo estén usando para avanzar en su propia agenda personal. Él afirma que mientras usted está enfocado en sus metas, hay muchos otros que estarían dispuestos a ser tan despiadados como usted. Siempre considere el punto de vista de otras personas.

Lea y ejercite su intelecto.

Maquiavelo realmente enfatizó el valor de ser inteligente. También fue muy inflexible sobre cómo el conocimiento era poder y cómo se podía utilizar como escudo protector contra los astutos y engañosos. Subrayó la importancia de estudiar la historia y aprender sobre los errores de la gente del pasado. También animó a los lectores a leer más sobre las historias de éxito de los líderes influyentes y los modelos de conducta que podrían seguir en sus estrategias. Maquiavelo siempre enfatizó que la inteligencia es una herramienta clave en las conquistas de uno para el éxito y el logro.

Sea juicioso sobre quién emplea.

Maquiavelo siempre enfatizó la importancia de ser consciente de la gente que usted pone bajo su empleo para promover sus intereses. Seguro, usted va a tener que recurrir a tácticas manipuladoras y taimadas para usar a la gente para llevarle a donde usted necesita estar. Sin embargo, esto también puede ser potencialmente contraproducente si lo aborda de manera imprudente. Siempre quieres asegurarte de que sólo utilizas a personas que sabes que no pueden ser una amenaza potencial para tus intereses. Del mismo modo, tenga cuidado de quién obtiene la información.

Al final del día, Maquiavelo siempre enfatizó que usted está solo en esto. Eso significa que no deberías depender de nadie más que de ti mismo. Y para las personas que elijas incluir en tu viaje, es muy importante que sepas que no estarían haciendo o diciendo algo que sería contrario de una manera perjudicial para tus principios e intereses.

Aprenda del más grande.

Maquiavelo también subrayó la importancia de no tener que reinventar la rueda todo el tiempo. Como nos ha enseñado la historia, ha habido muchos vencedores en los campos de la política y los negocios desde los albores de la civilización humana. Según Maquiavelo, siempre es importante inspirarse lo más posible y aprender de estas figuras históricas. También enfatizó la importancia de tener un mentor. Maquiavelo creía que el camino a la grandeza requería un aprendizaje sustancioso. Y el aprendizaje siempre será más efectivo cuando se haga bajo la tutela de un mentor confiable. Encuentra a alguien que tenga lo que quieres y aprende de él.

Prepárate para lo peor.

Maquiavelo enfatizó la importancia de la preparación en numerosas ocasiones en su libro. Siempre hizo hincapié en recordar al lector que debe tener varios planes de contingencia en marcha en caso de que se produjeran desastres o amenazas inesperadas. La complacencia es uno de los mayores enemigos de cualquier seguidor de la filosofía Maquiavélica. Llegó incluso a decir que uno nunca debe estar cómodo cuando está ocioso. Aconsejó que siempre hay que aprovechar su tiempo para fortalecer sus defensas y afinar sus planes en preparación para las peores condiciones posibles. Para Maquiavelo, la falta de preparación era distracción, y eso podía resultar costoso en la búsqueda del poder.

Sea consciente de su apariencia.

Aquí es donde los principios Maquiavélicos en realidad tienen algunas similitudes con las tácticas manipuladoras de Napoleón. Maquiavelo enfatizó que siempre es importante que las personas con poder se mantengan atentas a cómo las perciben las personas a su alrededor, especialmente sus subordinados. Esto resuena mucho con la forma en que Napoleón manipuló la percepción pública para que sirviera a sus propios intereses personales y a su agenda. Sabía que no sería capaz de encontrar el éxito en sus propios negocios si no contaba con el respaldo del público. Maquiavelo también hace eco de estos sentimientos en El Príncipe. Dijo que es muy importante para un líder practicar la autoconciencia en todo momento. No es suficiente que un líder sepa lo santurrones que son. Dijo que también es igual de importante que otras personas se den cuenta de que ellos también son santurrones.

Casi todo el mundo es egoísta y si alguien tiene un interés sospechoso en reflejar sus ideas y valores o en tratar de demostrar su desinterés, puede ser una señal para acceder más diligentemente. Muchas de las veces que estamos hablando es sólo ruido, esperas para contar lo siguiente sobre ti mismo, los manipuladores son realmente buenos en actuar como si estuvieran interesados inicialmente en tus ideas para seducirte, pero la parte difícil es juzgar si alguien está genuinamente interesado en ti o no. En una conversación, ¿recuerda lo que dice después de un rato? ¿Hacen un seguimiento de temas específicos que usted ha discutido en el pasado? ¿Cómo es su lenguaje corporal? ¿Es balanceada la relación? Se necesitan dos para bailar tango. Es importante que estés en armonía contigo mismo (no te conviertas en un monje o sin emociones), pero ser consciente de las cosas en general y reaccionar a las emociones de la manera más racional posible te convierte en un objetivo mucho más difícil, ya que a menudo los manipuladores utilizan lo que les das.

Tus enemigos pueden ser tus amigos.

Y, por supuesto, en el asunto de los enemigos. Maquiavelo sabía y comprendió que, en el camino hacia el logro, uno incurriría en una buena cantidad de enemigos a lo largo del camino. Esto es solo natural, ya que el conflicto es un aspecto inevitable de la coexistencia. Esto es especialmente cierto cuando dos personas están compitiendo o rivalizando por un premio o posición codiciada. Sin embargo, Maquiavelo enfatiza la importancia de no alienar totalmente a los enemigos sólo porque sirven como amenazas potenciales. De hecho, el volteó la mesa alrededor de ello. Él dijo que los enemigos pueden ser amigos en ciertos aspectos. Un verdadero Maquiavélico es aquel que siempre debe ser capaz de encontrar el valor en cualquier persona que pueda encontrar. Esto significa que incluso tus enemigos pueden servir como herramientas o escalones para que llegues a donde necesitas estar en la vida.

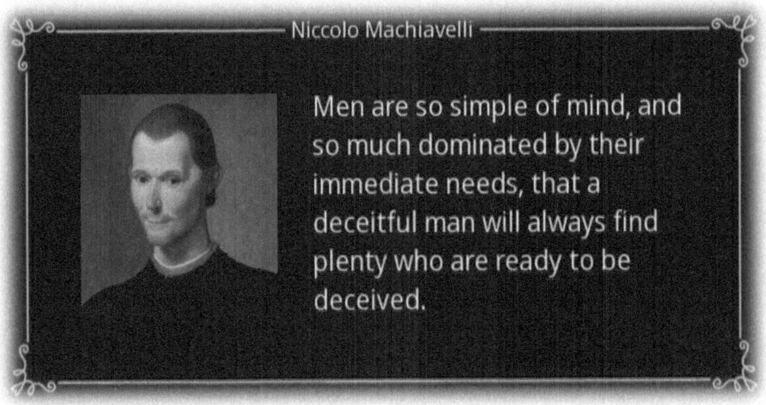

Capítulo IV: Cleopatra - Manipulación Persuasiva y Seductora

Si usted pregunta a alguien en la calle si conoce a Cleopatra, es probable que le venga a la mente la imagen de una persona. Cleopatra VII, aunque es la séptima de su nombre, es alguien a quien mucha gente reconoce como la única Cleopatra en la historia que vale la pena conocer. Ella no es sólo una figura histórica famosa. Ella también sirve como un icono para una cultura que se basa en la riqueza, el lujo y el poder. Mucho después de su muerte, las historias y la tradición de su persona siguen siendo contadas una y otra vez. Desde el comienzo de las civilizaciones, las mujeres fueron de hecho capaces de convertirse en gobernantes independientes, sin embargo, las que permanecieron más tiempo en el trono, tuvieron que aprender habilidades específicas para lograrlo.

La mayor parte del tiempo, fue representada como alguien que era un gran amante de algunos de los hombres más poderosos del mundo. Sin embargo, Cleopatra era mucho más que eso. Ella no era solo un símbolo sexual. Ella no era solo un ícono de lujos. También era una gran estudiante. Viviendo en la ciudad de Alejandría, hogar de una gran biblioteca en ese tiempo, Cleopatra tuvo acceso a los mejores maestros y obras de la literatura. Tenía una pasión por los esfuerzos educativos desde muy joven, y era considerada una de las mentes más grandes de su tiempo.

No es tan difícil de creer de que ese fuera el caso. Es poco probable que una mujer pueda encontrarse a sí misma en las posiciones en las que Cleopatra se encontró sin poseer un cierto nivel de inteligencia. Es sin duda una de las figuras femeninas más fuertes de toda la historia de la humanidad. Dada la naturaleza patriarcal de la sociedad moderna, sería difícil imaginar un mundo dominado por personalidades femeninas fuertes. Sin embargo, Cleopatra era exactamente eso; una fuerte personalidad femenina que dominaba el mundo. Y ella no solo lo hacía con su apariencia o su encanto. Lo hizo a través de su inteligencia y su inteligencia, utilizando miradas cuidadosamente diseñadas combinadas con su inteligencia, ella poseía habilidades seductoras casi irresistibles. Ella no llegó a dónde estaba por suerte o un accidente. Ella hizo que pasaran cosas.

Comienzos Humildes para una Reina Poderosa

Cleopatra no tuvo necesariamente una vida fácil a temprana edad. Nació en el 69 a.C. como hija de un faraón. Y aunque su padre, Ptolomeo XII, era una persona de influencia, el tiempo no estaba de su lado. Nació en un período de la historia en el que la cultura y la sociedad egipcias luchaban por mantenerse a flote. Su padre era un gran soñador y un visionario. Sin embargo, no poseía las habilidades necesarias para ser un líder y rey efectivo para su pueblo. Este fue un tiempo en la historia cuando los egipcios estaban completamente dominados por los romanos y su próspera sociedad. El panorama era sombrío para el futuro de la sociedad egipcia. Las probabilidades no estaban a su favor. Parecía que ya no serían los poderosos gobernantes egipcios. Pero en el caso de Cleopatra, fue elevada a la condición de diosa divina, la propia Isis, con quien se comparó públicamente, creando toda un aura divina a su alrededor. Más tarde, fue considerada como una de las gobernantes más poderosas en la historia de Egipto y permaneció a nivel de los faraones durante más de una década siendo la última gobernante activa del Reino Ptolomeo de Egipto.

Una Reina para la Eternidad

No era raro que las mujeres gobernantes se encontraran en posiciones de poder como resultado de la muerte de un esposo, padre o hermano. Sin embargo, era muy raro que estas mujeres tuvieran algún tipo de impacto significativo en las sociedades que gobernaban. Por lo general, se enfrentarían a trágicos finales a manos de los adversarios o de sus propios súbditos. Y por lo general no podrían gobernar sobre sus tierras durante un período prolongado de tiempo. Sin embargo, fue una historia completamente diferente para Cleopatra. Ella fue alguien que logró elevarse a los niveles de las diosas. Cuando fue instituida como faraona de Egipto, no fue un reinado rápido y trágico para ella. De hecho, ella reinó como Faraona por muchos años. Cambió por sí sola la forma en que se llevaba a cabo la gobernanza en Egipto, sobre todo en lo que respecta a las relaciones exteriores. Fue su astuta comprensión de la política exterior lo que impulsaría su leyenda a alturas aún mayores.

Su gusto por el poder probablemente comenzó cuando tenía sólo 18 años. Su padre, el rey Ptolomeo, había hecho socio mayoritario a su hermano, Ptolomeo XIII Theos, que tenía sólo 11 años en ese momento. Sin embargo, dada su antigüedad, Cleopatra se opuso a esta decisión de su padre. Ella se negó a reconocer su pretensión al trono, pero aun así fue relegada a ser sólo la compañera menor debido a los amigos de su hermano en las cortes.

Hubo una guerra que estalló en Roma entre Pompeyo y Julio César. Pompeyo había encabezado una guerra civil contra César y había reclutado la ayuda del joven Ptolomeo y sus fuerzas. Sin embargo, cuando Ptolomeo vio que César estaba ganando la guerra, decidió traicionar a Pompeyo. Después de que Pompeyo perdiera una gran batalla en Grecia, decidió huir a Egipto. Fue entonces cuando Ptolomeo decidió que asesinaran a Pompeyo. Pero César no quedó impresionado con este gesto de Ptolomeo, que todavía estaba en desacuerdo con Cleopatra y su otra hermana, Arsinoe. César había ordenado que Ptolomeo se retirara como rey y arreglara las cosas con sus hermanos. Sin embargo, Ptolomeo no estaba dispuesto a aceptar esta orden, y la icónica batalla en Alejandría tuvo lugar donde César se encontraría bloqueado en su propio palacio.

Aquí es cuando Cleopatra vio su oportunidad. Ella decidió hacer su movimiento, y se asoció con César para formar una alianza contra su hermano menor. Sin embargo, esta decisión de Cleopatra también le costó la lealtad de su hermana. Arsinoe desertó al ejército de Ptolomeo para luchar contra la alianza de Cleopatra y Julio César. Durante el asedio de Alejandría, tanto César como Cleopatra fueron capaces de resistir hasta la llegada de Mitridatos, lo que ayudó a cambiar la batalla hacia su favor. Ptolomeo fue asesinado mientras intentaba escapar de la batalla.

El nombre "Cleopatra" se ha convertido en sinónimo de belleza y encanto exótico, pero la verdadera belleza de Cleopatra estaba supuestamente más abajo en la lista de sus encantos. De hecho, por su aspecto, Plutarco escribió: "su belleza, como se nos ha dicho, no era en sí misma ni incomparable ni tal como para impresionar a los que la veían". Más bien, fue todo su ingenio, su encanto y (de nuevo, según Plutarco) "la dulzura en los tonos de su voz" lo que la hizo tan irresistible.

Forjando Alianzas Políticas y Románticas

Después de la batalla, César rindió sus respetos a la línea de liderazgo de Ptolomeo y había convertido al hermano menor de Cleopatra, Ptolomeo, en el gobernante de Egipto. Sin embargo, todavía era evidente que había sido afectado por ella, que respetaba a Cleopatra y su astucia para el liderazgo. El la había hecho el poder real que se sentaba detrás del trono. Y entre bastidores, Cleopatra y César tuvieron un romance, se puede decir que la relación benefició a ambas partes. Esto es lo que llevó a los futuros historiadores a tildar injustamente a Cleopatra de amante de las almas que simplemente sedujo para llegar a la cima. Si esta es una descripción exacta de su carácter es objeto de debate.

Cleopatra pasaría los años siguientes llevando a cabo varias misiones entre Egipto y Roma. Como cualquier gran manipuladora, siempre había entendido la importancia de la apariencia. Durante sus visitas a Roma, se convirtió en un ícono de estilo para las mujeres romanas. Su peinado exótico pero elegante y sus joyas se convirtieron en una tendencia de moda, y según el historiador Joann Fletcher, *"tantas mujeres romanas adoptaron el 'look Cleopatra' que su estatuaria ha sido a menudo confundida con la propia Cleopatra"*. En un famoso cuadro de ella, podemos ver a Cleopatra vestida en el personaje de Afrodita, una antigua diosa griega asociada con el amor, la belleza, el placer, la pasión y la procreación (la diosa romana Venus).

A lo largo de todo ese período, entre los años 46 y 42 a.C., pudo mantener su autoridad sobre los tribunales de Egipto, al mismo tiempo que se aseguraba de que el reino siguiera funcionando a pesar de su ausencia. Comprendió que, para poder fortalecer el poder político de su reino, necesitaba comunicarse con Roma. Fue entonces cuando decidió forjar otra alianza política con Marco Antonio, el hombre que sucedió a César. Sin embargo, al igual que la alianza de Cleopatra con César, este vínculo con Antonio era más que un vínculo político. También había un componente romántico. Antonio era un hombre que amaba el placer, la emoción y el ocio de lujo. Cleopatra comprendió los deseos de su víctima y le mostró intencionadamente la superioridad de las fiestas egipcias más espectaculares, ganándose el apoyo de Antonio. Fue gracias a esta alianza que pudo consolidarse como el principal aliado de Roma a lo largo de esta época. Ella fue capaz de asegurar la independencia de Egipto, la soberanía y la ventaja geográfica como resultado de esta asociación que había formado con Antonio.

Otro fruto de esta alianza fue el asesinato ordenado por Antonio de Arsinoe en Éfeso. Cleopatra y Marco Antonio se casarían más tarde a pesar de que Antonio ya estaba casado con la hermana de Octavio. Este matrimonio entre Antonio y Cleopatra enajenaría a muchas de las partes afectadas y rompería los lazos entre varios aliados romanos.

En última instancia, Cleopatra había pasado el resto de su reinado metiéndose en la política romana. Ella es bien recordada por su papel en ayudar a Antonio a luchar contra Octavio durante la segunda guerra del Triunvirato. Sin embargo, su decisión de permanecer al lado de Antonio también sería su propia perdición. Cuando Cleopatra vio la inminente derrota del ejército de Antonio, decidió suicidarse en un esfuerzo por salvarse de la misma y de la tortura de ser encarcelada.

Capítulo V: Combatir la Manipulación

Luchar contra las tácticas manipuladoras y los avances es más que sólo ser capaz de identificarlos. Claro, ayuda saber que está siendo manipulado cuando realmente es el caso. Eso significa que no estás siendo ingenuo sobre la situación. Sin embargo, también es igual de importante que puedas conocer las tácticas comunes para tratar con gente astuta o no tan astuta que busca manipularte para su propio beneficio personal. Eso es exactamente con lo que te va a orientar este capítulo.

Ya ha estado expuesto a las muchas caras de la manipulación y al tipo de impacto que puede tener no sólo en uno, sino en un gran grupo de personas. Ahora, usted tiene que aprender cómo sería capaz de detectar el comportamiento manipulador en su vida diaria. Y además de eso, usted tiene que saber cómo va a lidiar con ello cada vez que se encuentre en esas situaciones también. No es muy raro que la gente se encuentre en situaciones manipuladoras y no sepa qué hacer al respecto. Esto no es un accidente. Las personas manipuladoras tienen una manera de comprometer las inhibiciones de sus víctimas y su mejor juicio. Es por eso que muchas de las víctimas de la manipulación pueden sentirse paralizadas por las situaciones en las que se encuentran.

Lo que este capítulo trata de hacer es ofrecer a este tipo de personas una salida. Usted no siempre tiene que ser víctima de sus circunstancias. Si sabe que está en peligro de ser manipulado, entonces necesita hacer algo acerca de ello. La voluntad para ello depende completamente de ti. Este capítulo le va a proporcionar los conocimientos adecuados para ayudarle a salir de cualquier aprieto en el que se encuentre.

Cómo Detectar una Conducta Manipulativa

Descubrir el comportamiento manipulador en otra persona no siempre va a ser una hazaña fácil. Después de todo, los mejores manipuladores son aquellos que saben cómo ocultar bien sus intenciones. Puede parecer que te estás haciendo amigo de alguien y que no hay malicia detrás de ello. Sin embargo, con los maestros manipuladores, hay muchas cosas que están sucediendo detrás de las escenas de las que usted podría ni siquiera ser consciente. Puede ser particularmente difícil identificar el comportamiento manipulador cuando no se hace un esfuerzo activo para tratar de buscarlo.

Por supuesto, usted siempre quiere mantener una visión optimista y positiva del mundo. Si usted es alguien que generalmente tiene una disposición positiva, nadie debería tener el derecho de decirle que sea de otra manera. Esa es su propia prerrogativa. Sin embargo, sólo porque usted quiera ser positivo no significa que deba ser ingenuo e imprudente con las personas que deja entrar en su vida. Usted todavía va a querer permanecer vigilado hasta cierto punto. Aunque usted pueda ponerse en el riesgo de sonar snob o inaccesible, ese es sólo el compromiso que tendrá que hacer para protegerse a sí mismo.

La clave para recoger pistas de la gente es aprender a convertirse en un estudiante de escucha y observación profunda. Sin embargo, esto no tiene sentido a menos que usted pueda mantener una forma de interés en lo que la persona está diciendo. Haga que parezca natural. No deje que se den cuenta de que los está analizando. Usted tiene que estar interesado o al menos intensamente enfocado en lo que ellos están regalando.

Uno puede argumentar que, a donde quiera que vayamos, la gente, las circunstancias y las fuerzas más allá de nuestro control nos manipulan de cierta manera. Y aunque a menudo se utilizan trucos manipuladores, concentrarse o ser paranoico acerca de que cada pequeño incidente sea "manipulación" también es bastante inútil. En primer lugar, queremos centrar nuestros esfuerzos en las ocasiones más tangibles que pueden ser de daño directo, siendo racionales en cuanto a cuándo evaluar el comportamiento manipulador es la clave. Por lo tanto, una sola bandera roja de vez en cuando es natural para nosotros los humanos. Si usted nota que muchas de estas señales pueden estar presentes en una relación que tiene con alguien en su vida, entonces puede que quiera dar un paso atrás para reflexionar profundamente por su cuenta. Es posible que este ser humano lo esté manipulando. Busque señales, cualquier rasgo recurrente de manipulación que pueda ocurrir en el futuro.

La relación te hace sentir miedo

He aquí un consejo general: si una relación se construye enteramente a partir de una base de miedo, entonces usted sabe que puede no ser una buena relación en la que estar. Es normal sentirse intimidado o incluso algo temeroso de ciertas personas. Tal vez, usted podría estar conociendo a alguien a quien admira e idolatra. Sentirse un poco intimidado por ese individuo está bien hasta cierto punto. However, when you start building a close and intimate relationship with the person and the fear still doesn't go away, then that is definitely a bad sign.

Los manipuladores entienden muy bien el miedo, y saben cómo usarlo contra aquellos que no tienen un buen control sobre sus fobias. Por ejemplo, digamos que usted ha estado planeando algo por un tiempo y la persona siempre se le ocurren cambios de último momento que le dan lo que quiere, están utilizando su miedo a perder algo. En este caso, el tiempo y el apego emocional gastado en hacer y casi ejecutar el plan. Ellos utilizarán el miedo que usted tiene de ellos para obligarlos a hacer cosas que los beneficiarían, incluso si eso significa comprometer su propio bienestar. Esta es la razón por la que siempre debe tener cuidado con los ambientes de relación que apestan a miedo e intimidación.

Le hacen sentir culpable por todo lo que hace

De alguna manera, le hacen sentir culpable por todo lo que hace. Cuando usted está en una relación manipuladora, nada de lo que usted haga va a estar bien o correcto. Incluso cuando usted tiene las mejores intenciones y está seguro de su ejecución, siempre hay algo por lo que sentirse mal. Generalmente, un individuo manipulador va a evitar que te sientas validado por tus esfuerzos o tus acciones. Esto se debe a que ellos quieren que usted sienta que necesita trabajar más duro para ser digno de su atención y aprobación.

Esta es una táctica que está diseñada para intimidar a una persona para que piense que no está haciendo lo suficiente para que se sienta presionada a mejorar. Es un tipo de refuerzo negativo que es bastante común en muchas relaciones abusivas en todo el mundo. Es la misma manera en que un jefe le diría a un trabajador que su trabajo es mediocre para conseguir que ese trabajador siga esforzándose más por culpa o vergüenza.

A menudo cuestiona sus propias creencias

El gaslighting es otra técnica común que es empleada generalmente por individuos manipuladores con el propósito de distorsionar la visión de la realidad de un individuo. Como víctima, se te hace dudar de tus propias creencias y perspectivas sobre las cosas para que crezcas dependiente y dependiente de otra persona. Esencialmente, usted está hecho para desconfiar de sus propios sentidos e instintos, de modo que se verá forzado a aferrarse a alguien más para ayudarlo a permanecer en tierra y cuerdo.

Los individuos manipuladores son tan buenos distorsionando los hechos y estirando la verdad hasta el punto de que hacen que las mentiras parezcan creíbles incluso cuando son completamente escandalosas. En esencia, sólo están metiendo su propia versión de la "realidad" en su garganta.

Te hacen sentir como si siempre hubiera ataduras

Nada de lo que hagas en este tipo de relación vendrá sin condiciones. Sólo tienes la sensación de que, si vas a recibir un buen tratamiento, nunca es algo que puedas tomar al pie de la letra. Usted nota que hay un patrón que está emergiendo aquí cada vez que esta persona hace algo que agrega valor a su vida. Siempre se llega a la expectativa de que habrá algún tipo de motivos ocultos detrás de ello. Le resultaría muy difícil aceptar un cumplido o ser el receptor de un gesto amable. De alguna manera tienes la sensación de que esa no es toda la historia.

Sus inseguridades siempre están en el centro de atención

Una de las maneras más grandes en que una persona manipuladora podría hacer que usted se vuelva emocionalmente vulnerable sería resaltar sus inseguridades. Naturalmente, como ser humano, usted tiene su parte justa de inseguridades. Todos lo hacemos. Y el individuo manipulador sabe esto más que nadie. Sin embargo, en lugar de ser sensibles y empáticos con estas inseguridades que usted puede tener, lo usan como munición. Van a capitalizar estas inseguridades para que usted se sienta terrible consigo mismo, poniendo al cerebro en un modo de supervivencia más reactivo.

En psicología, siempre que un individuo se involucra en el auto-odio o auto-desprecio, encuentra una figura de poder fuerte a la que puede aferrarse. El maestro manipulador sabe esto, y así es como querrá presentarse en su vida. Ellos harán que parezca que usted necesita que ellos estén ahí para usted debido a lo incompetente que usted termina percibiéndose a sí mismo. Cuando usted está con una persona manipuladora, será constantemente bombardeado con recordatorios de sus vulnerabilidades personales. Incentivar inseguridades o cuestionar la identidad de la gente para crear "problemas" que la gente no sabía que tenía y luego aliviar estas inseguridades ofreciendo la solución, también usada comúnmente en el marketing.

Complejo arte de la manipulación de manchas

En el caso de que el manipulador sea más sofisticado, puede ser difícil combatir sus encantos y su astucia. Cuando el objetivo es manipular a una persona sin que ella lo atrape, para que haga lo que usted quiere, la clave es dejar que la gente piense que es su propia voluntad tomar una decisión.

Orquestar un montaje para que la gente quiera ayudarlo en su caso. A nadie le gusta cuando alguien intenta cambiar de opinión. ¿Le gustaría que simplemente le dijeran que pruebe a fumar si no es fumador? Sin embargo, pregúntele a un fumador regular por qué fuma y podría obtener una respuesta como "No puedo dejar de fumar", en este caso los receptores de dopamina liberan una pequeña dosis de gratificación cada vez que la persona fuma un cigarrillo, lo mismo se puede aplicar a todas las adicciones o actos de autosabotaje. Las personas son más propensas a ayudar en su caso si se sienten involucradas, o si tienen algo que ganar.

En marketing, vender la marca. Usted no quiere decirle a la gente que compre su artículo, sino que se lo venda. Hágales sentir que no pueden prescindir de ellos y que usted es la solución. Conozca las debilidades de su objetivo y suavice la resistencia de la gente confirmando su opinión propia. Las confesiones falsas suelen recibir una honesta a cambio, esta puede ser bastante difícil de evaluar, pero si se puede captar una confesión falsa suele ser una señal de un manipulador extremadamente sofisticado y de sangre fría.

En tal caso, al enfrentarse a un manipulador sofisticado e individual, buscan secretos o agujeros en su pasado que han tratado de mantener ocultos. Si usted conoce al individuo personalmente, usted puede recordar en las ocurrencias donde ellos sintieron una gran inseguridad, agresión o comportamiento defensivo sobre un asunto aparentemente diminuto. Usted puede tratar de asustarlos si puede encontrar una influencia que amenace su control.

Una vez más, si es posible, la opción más fácil sería eliminar a este individuo de su vida inmediatamente. Las personas manipuladoras tienen una fuerte tendencia a controlar todo lo que les rodea. Por ejemplo, los manipuladores de tipo agresivo a menudo muestran agresividad física sobre pequeños detalles como caminar siempre por delante de las personas, ocupando todo el espacio que puedan necesitar para tener el control en todo momento. Haga algo

completamente inesperado y observe cuidadosamente
cómo reaccionan, mientras más repentina y estresante
sea la situación, mejor. La clave para escoger pistas de
la gente es aprender a convertirse en un estudiante de
escucha y observación profunda. Sin embargo, esto no
tiene sentido a menos que usted pueda mantener una
forma de interés en lo que la persona está diciendo.
Haga que parezca natural. No deje que se den cuenta
de que los está analizando. Usted tiene que estar
interesado o al menos intensamente enfocado en lo que
ellos están regalando.

***Usted siente mucha presión para ser de cierta
manera***

Y, por supuesto, usted sabe que algo anda mal cuando
se le presiona constantemente para que sea de cierta
manera. Ninguna relación funcional debe dejar espacio
para una presión injustificada sobre un individuo. Si
usted tiene personas en su vida que tienen ciertas
expectativas de usted, entonces eso debería estar bien.
Sin embargo, tenga mucho cuidado con las personas
que aparentemente lo colocan en un pedestal. Podrían
estar exagerando en su cara sólo para ver cuánto
podrían sacar de usted. Le harían sentir como si fuera
una tragedia que usted los decepcionara al no cumplir.
La afirmación también es una poderosa herramienta de
manipulación. Repetir un simple mensaje sutilmente

con el paso del tiempo hace que las personas se planten en el subconsciente permanentemente sin que se den cuenta de ello. Piense en cualquier eslogan de marketing que le venga a la mente.

Cómo Tratar con una Persona Manipuladora

La manipulación psicológica siempre va a ser un tema muy cargado y de mano dura. A menudo se le puede llamar mentir, engañar, sesgar, distorsionar, gaslighting, intimidar, culpar y otras cosas por el estilo. Los manipuladores también pueden tomar la forma de muchas personas diferentes a lo largo de su vida. A veces, la persona que lo está manipulando puede ser un padre, hermano, jefe, compañero de clase, compañero de trabajo o pareja romántica, entre otros. Por eso es que la manipulación es un tema tan complejo de manejar. Puede tomar la forma de varias tácticas, y también puede ser empleado por varios agentes. Por eso puede ser cada vez más difícil para alguien ser capaz de identificar y tratar con una persona manipuladora.

En las primeras partes de este capítulo, se le informó sobre cómo podría ser una relación manipuladora. Usted estuvo expuesto a los muchos sentimientos, sensaciones y experiencias diferentes que podría tener si alguna vez se encontrara en un entorno de relaciones manipuladoras. Siempre y cuando usted mantenga los ojos bien abiertos y haga un esfuerzo activo para buscar estas banderas rojas, no debería ser realmente un problema. Ahora, es cuestión de tratar con estas personas y gestionar sus avances.

Primero evalúe si la persona es más bien un manipulador sistemático o inconsciente. Es casi seguro que los manipuladores más sistemáticos y profundos están fuera de nuestro alcance. Pueden tener grandes visiones y no les importa a quién tienen que conseguir para alcanzar sus metas, pueden simplemente disfrutar controlando a otros, quizás han tenido traumas de la infancia y problemas que los llevan a explotar a otros para su realización. Este tipo de personas son más conscientes de ello y persiguen agresivamente sus rasgos manipuladores.

Cualquiera que sea el caso, si es posible, mantenga su distancia con este tipo de personas. En efecto, la solución fácil sería sacar a esta persona de tu vida, ¿verdad? Puede ser tan fácil quemar puentes con alguien si usted sabe que tiene tendencias manipuladoras y que estaría tan dispuesto a promover sus propios intereses personales a expensas suyas. Esa clase de egoísmo debería garantizar un corte de vínculos.

Sin embargo, no siempre va a ser así de sencillo. Habrá momentos en que la persona que lo manipula sea alguien con quien usted tenga un vínculo y una conexión profundos. Incluso existe la posibilidad de que ellos mismos no sean conscientes de su comportamiento. Por ejemplo, si sus padres, pareja o amigos lo están manipulando, no va a ser tan fácil romper esa relación por completo. Esto es especialmente cierto si usted ama a sus padres y sabe que ellos le aman a usted a cambio. En este caso, no se trata sólo de eliminar a una persona manipuladora de su vida. En su lugar, se convierte en un problema de manejar a este individuo.

Cuando se trata de una persona manipuladora, es muy importante que se maneje con cuidado. Tenga en cuenta que también hay una especie paternal de manipulación. Puede que no tengan malas intenciones, y puede que se ofendan por el hecho de que usted los está acusando de ser manipuladores. Por eso hay que ser muy cauteloso y sensible cuando se aborda la cuestión con ellos. Este segmento del capítulo lo guiará a lo largo de todo este meticuloso proceso porque es realmente intensivo, especialmente si no está buscando alienar completamente a este individuo de su vida.

En Primer Lugar, Tenga Cuidado

Si usted sabe que está en peligro siempre que esté con este individuo manipulador en su vida, asegúrese siempre de que haya un tercero presente. Nunca se sabe lo que pueden hacerle si los dos están solos. Por lo tanto, antes de confrontarlos sobre su manipulación, asegúrese de tener a alguien más en la sala. Usted necesita ese mediador; alguien que pueda ayudar a tender un puente entre ustedes dos. Siempre puede llamar a un amigo en común, a un ser querido compartido o a un confidente de confianza. En casos más serios, usted puede incluso buscar ayuda profesional de un terapeuta licenciado. El punto aquí es que el proceso de confrontación nunca debe llevarse a cabo de manera imprudente. Su seguridad siempre va a ser la primera prioridad aquí. Y muchas veces, eso significa tener a alguien más en la habitación para estar con usted.

Adopte un Enfoque Diplomático para Iniciar un Diálogo

Usted puede elegir entre usar su propia influencia sobre ellos para disminuir los efectos negativos, o simplemente enfrentarlos. La confrontación inicial no tiene que ser tan intensa y apasionada. De hecho, el mejor enfoque para confrontar a este individuo sería estar lo más tranquilo y sereno posible. Usted quiere asegurarse de que está quitando las emociones de la ecuación aquí. Tenga en cuenta que una persona manipuladora siempre va a capitalizar la emocionalidad de una persona. Si usted les quita esa munición, entonces les deja muy poco con lo que trabajar. Además, es más probable que no reaccionen de manera tan hostil si se adopta un enfoque más civilizado para iniciar este diálogo con ellos. Usar las propias palabras de la gente contra ellos hace más difícil resistirse a lo que sea que usted les está pidiendo que hagan, si uno dice ser desinteresado, entonces no participarán en ciertas acciones para empezar.

Tiene que recordar que comenzar la conversación no siempre va a ir tan bien. Es muy probable que se resistan al principio. Sin embargo, necesita ser persistente. Necesita enfatizar la importancia de esta conversación. Si todavía muestran una falta de voluntad para participar en este tipo de diálogo, entonces pase a la última fase de este subcapítulo. Sin embargo, si deciden participar con usted en esta conversación, entonces debe tener en cuenta los siguientes consejos.

No Se Resista

Si van a ser hostiles con usted al respecto, resista la tentación de defenderse. Tienes que aprender a elegir tus lugares. Responderles de una manera hostil sólo va a resultar en que usted juegue en sus juegos. Usted no quiere eso. Usted quiere asegurarse de mantener la calma en todo momento. Cuando se pongan emocionales, no invalide estos sentimientos. Sus emociones pueden ser muy auténticas, independientemente de si están basadas en verdades distorsionadas o no. Una persona todavía puede sentirse enojada por algo que es una completa mentira o fantasía. Tenga eso en cuenta.

En lugar de invalidar sus sentimientos y decirles que no están siendo razonables, escúchelos. Con este método, usted tendrá la oportunidad de entenderlos mejor. Será capaz de ganar pistas en sus activadores de conducta.

Cuanto más los entienda, mejor será para usted manejar toda esta situación.

Establezca Límites y Fronteras Claras

Una vez que haya escuchado su versión de la historia, es hora de que exprese sus quejas personales. Una vez más, debe asegurarse de mantener las emociones fuera de esto. Usted no quiere que invaliden lo que usted dice sólo porque usted está histérico. Quiere ser honesto acerca de ello, y sea directo. No debería andar con rodeos. Asegúrese de que todos los esqueletos salgan del armario. Sea cortés, pero también, no se ande con rodeos. No importa lo incómodo que pueda ser hablar honestamente sobre sus sentimientos, usted va a tener que hacerlo.

Si usted está interesado en salvar la relación, entonces enfatice este punto. Asegúrese de que entiendan que usted no quiere excluirlos completamente de su vida. Sin embargo, también necesitan enfatizar que establecerán límites y fronteras claras a medida que avancen en su relación juntos. Hágales entender que la integridad de su relación depende de su respeto por los límites que usted establezca en ella.

Sepa Cuándo Es Tiempo de Irse

A veces, usted sólo necesita saber cuándo es el momento de irse. No importa lo doloroso que sea desprenderse de alguien a quien usted ama mucho, todavía tiene que hacerlo por el bien de su propio bienestar. Usted no debería estar haciendo espacio para la toxicidad o el comportamiento manipulador que causa carga en su vida sin importar de quién provenga. Al final del día, la única persona real que le cubre la espalda es usted mismo. Es por eso que usted tiene que hacer un punto para protegerse a toda costa. Si no hay manera de encontrar un medio pacífico de coexistir el uno con el otro que no involucre ninguna forma de manipulación dañina que esté quitando valor de su vida, entonces usted necesita ser capaz de alejarse de eso.

Por supuesto, alejarse de alguien que está cerca de usted no va a ser un proceso rápido y fácil. Va a ser muy doloroso y gradual. Sin embargo, usted siempre necesita priorizar su propio bienestar por encima de las relaciones que tiene con otros, especialmente si son del tipo tóxico y sistemático. Manténgase seguro y protegido. Ninguna relación vale la pena perder el sentido de sí mismo.

Epilogo

Con suerte, usted habrá aprendido algo de este libro que podría añadir valor a su vida y a las vidas de los que le rodean. Una vez más, es importante enfatizar que este libro no tiene otra agenda que la de proporcionar una visión y comprensión de cómo funciona el comportamiento manipulador. Siendo un ciudadano de este planeta, usted se debe a sí mismo y a las personas que le rodean el ser un individuo que funciona bien. Esto se ha establecido desde hace mucho tiempo en un contrato social no escrito que ha evolucionado con el paso de las generaciones.

Como dijo Nicolás Maquiavelo: "un hombre engañoso siempre encontrará a muchos que estén dispuestos a ser engañados". Esta es precisamente la razón por la que es importante que usted desarrolle una comprensión fundamental del comportamiento manipulador y que mantenga un nivel de respeto por la dignidad y la autonomía de una persona. La coexistencia es clave cuando se trata de preservar la integridad y la estructura misma de la sociedad. Sería contradictorio con los principios de la coexistencia permitir que una cultura de manipulación y engaño florezca desproporcionadamente. Como ha sido evidenciado por los casos de estudio que fueron tratados en este libro, la manipulación no necesariamente trata de promover el bien común de todos. De hecho, en muchos casos, sólo se priorizan los intereses de unos pocos elegidos (y en los casos más extremos, de una sola persona) a expensas de los muchos. Incluso si la idea inicial puede ser buena, la avaricia toma el control.

Anteriormente en este libro, tocamos el tema de cómo la manipulación es una violación de la individualidad de una persona. Y a medida que usted fue expuesto gradualmente a varios casos de manipulación de masas como el de Napoleón durante la Revolución Francesa o el esquema de los Ponzi, podría haber adquirido una mayor comprensión de cuán destructiva y peligrosa puede ser la conducta manipuladora, incluso si comienza de manera noble. La participación en conductas manipuladoras se considera una afrenta a la dignidad de un ser humano. Todos, sin embargo, son libre de tomar su decisión. No es ningún secreto que la sociedad moderna se compone de varias clases y agrupaciones. Lo que hace la manipulación es que permite a los privilegiados y poderosos causar más estragos en las vidas de los desfavorecidos y oprimidos. En ese sentido, no existe un equilibrio de poder adecuado que indique aún más un nivel básico insalubre de disfunción en nuestra sociedad que siempre ha estado presente en la historia de las sociedades humanas, manifestándose meramente en diferentes formas. La idea de la manipulación como una herramienta para que la gente avance a expensas de los débiles y vulnerables no es algo nuevo, es tan antiguo como los sistemas creados por el hombre.

Independientemente de sus genuinas intenciones de entender la manipulación, este libro es una contribución al esfuerzo de inclinar un poco la balanza. Las personas en el poder están en posiciones más convenientes para participar en comportamientos manipuladores contra los débiles y menos educados. Sin embargo, se necesitan dos para bailar tango. Y como vimos en los ejemplos, uno puede argumentar que una forma de manipulación es necesaria para que uno avance en su clasificación percibida en la sociedad. Lo más importante es que los avances y las tácticas de manipulación pueden ser frustrados siempre y cuando las víctimas puedan armarse adecuadamente. Considere este libro como una adición a esa carrera armamentista. Supere al Zorro. Espero que este libro le haya dado algunas ideas o puntos de vista en diferentes ocasiones en las que haya sido engañado. Todos nosotros hemos experimentado diferentes niveles de manipulación con el fin de promover los intereses de otras personas, e incluso si no lo ha hecho, es probable que se enfrente a situaciones en algún momento de su vida en las que la comprensión de la manipulación resulte útil. Para defenderse del enemigo, usted primero tiene que entender a qué se enfrenta.

Comprender la manipulación no es tarea fácil. Y este libro por sí solo podría no ser suficiente para equiparte con todo el conocimiento que necesitas saber. Sin embargo, cada proceso gradual requiere un punto de partida. Y si usted apenas está comenzando su viaje hacia la comprensión de la manipulación y cómo puede protegerse mejor de su engaño, entonces es de esperar que este libro haya sido capaz de ayudarle. Por supuesto, con un tema tan diligente siempre habrá ciertas variables que sólo se pueden aprender a través del pensamiento deliberado, el tiempo y el esfuerzo.

Por lo menos, usted debe estar equipado con las habilidades fundamentales para asegurarse de que no se permita ser víctima de la manipulación tan fácilmente. Como ser humano que vive y respira, usted se debe a sí mismo el mantener siempre su sentido de dignidad e individualidad. Usted nunca quiere permitir que nadie en su vida, sin importar la naturaleza de la relación que usted tiene con ellos, lo manipule por sus propios intereses. A pesar del tema oscuro, aceptar que la manipulación existe a nuestro alrededor no significa que no se pueda estar difundiendo luz e influencia positiva al mundo. Simplemente esté consciente de ello.

Maquiavelo puede haber argumentado que el fin siempre justifica los medios. Sin embargo, en este escenario, ningún fin podrá justificar que usted pierda el sentido de propiedad sobre su propia vida. Que este libro le sirva de herramienta para defender siempre su individualidad y su dignidad. Usted nunca debe estar en una posición en la que tenga que comprometer ninguna de esas cosas. La esencia misma de la agencia humana en la actualidad se construye sobre la idea de que usted es su propia persona con derechos y libertades inalienables. Si ambas cosas se ven amenazadas por avances manipuladores, entonces usted debe defenderlas.

Esto ha sido Supere al Zorro, Entendiendo la Manipulación. Si el contenido de este material le ha resultado útil, no dude en compartirlo con otras personas que puedan beneficiarse de él.

Bibliografía

Clark, D. (2018, Enero 13). Cleopatra: Egyptian Seductress or Savvy Politician. Extraído de http://semiramis-speaks.com/cleopatra-egyptian-seductress-or-savvy-politician/

https://www.history.com /ancient-history/cleopatra

Duncan, J. (2019, Agosto 20). Why Manipulative People Manipulate Us: The Child Within Them and How to Deal With Them. Extraído de https://medium.com/moments-of-passion/why-manipulative-people-manipulate-us-the-child-within-and-how-to-deal-with-them-2d5966c0c400

Fisher, T. (2004, Abril 27). The Napoleonic Wars: The Rise and Fall of an Empire

Gander, K. (2019, Mayo 6). 550 years since Niccolo Machiavelli was born-how to check how Machiavellian you are. Extraído de https://www.newsweek.com/550-years-niccolo-machiavelli-was-born-how-check-how-machiavellian-you-are-1408155

Greene, R. (2003). *The Art of Seduction*

Horn, J. (2015, Julio 17). What Made Napoleon a Great Leader? Extraído de http://discerninghistory.com/2015/07/what-made-napoleon-a-great-leader/

Klimczak, N. (2016, Julio 14). The Wisdom of Cleopatra, the Intellectual Queen Who Could Outsmart Them All. Extraído de https://www.ancient-origins.net/history-famous-people/wisdom-cleopatra-intellectual-queen-who-could-outsmart-them-all-006280

Machiavelli, N. (1952). *The prince*. New York, NY: The New American Library.

(n.d.). Nature and History of Ponzi Schemes. Extraído de http://www.sjsu.edu/faculty/watkins/ponzi.htm

Noggle, R. (2018, Marzo 30). The Ethics of Manipulation. Extraído de https://plato.stanford.edu/entries/ethics-manipulation/

Shortsleeve, C. (n.d.). How to Tell If Someone Is Manipulating You-And What to Do. Extraído de https://time.com/5411624/how-to-tell-if-being-manipulated/

Soeiro, L. (2018, Julio 25). 4 Ways to Deal With Manipulative People. Extraído de https://www.psychologytoday.com/intl/blog/i-hear-you/201807/4-ways-deal-manipulative-people

Valentin. (2013, Octubre 12). How important was Napoleon Bonaparte's use of propaganda and censorship in the rise and consolidation of his power in France? (Part 1, by Valentin Boulan). Extraído de https://publishistory.wordpress.com/2013/07/31/how-important-was-napoleon-bonapartes-use-of-propaganda-and-censorship-in-the-rise-and-consolidation-of-his-power-in-france-part-1/

www.ingramcontent.com/pod-product-compliance
Lightning Source LLC
Chambersburg PA
CBHW031135250726

48655CB00002B/684